Vivendo no Coração

DRUNVALO MELCHIZEDEK
Autor do best-seller *O Antigo Segredo da Flor da Vida*

Vivendo no Coração

Como Entrar no Espaço Sagrado do Coração e Transformar o seu Mundo Interior e o Mundo à sua Volta

Com dois capítulos sobre a relação
entre o Coração e o Mer-Ka-Ba

Tradução
MAURÍCIO FERREIRA

Editora
Pensamento
SÃO PAULO

Título do original: *Living in the Heart*.

Publicado mediante acordo com Light Technology Publishing.

Texto de acordo com as novas regras de ortografia da língua portuguesa.

1ª edição 2012.

1ª reimpressão 2014

Coordenação editorial: Denise de C. Rocha Delela e Roseli de S. Ferraz.

Preparação: Denise de C. Rocha Delela.

Revisão: Nilza Agua.

Diagramação: Fama Editoração Eletrônica.

Dados Internacionais de Catalogação na Publicação (CIP)
(Câmara Brasileira do Livro, SP, Brasil)

Melchizedek, Drunvalo
Vivendo no coração : como entrar no espaço sagrado do coração e transformar o seu mundo interior e o mundo à sua volta / Drunvalo Melchizedek ; tradução Maurício Ferreira. — São Paulo : Pensamento, 2012.

Título original: Living in the heart
ISBN 978-85-315-1786-0

1. Meditação 2. Merkaba 3. Movimento da Nova Era 4. Vida espiritual I. Título.

12-02103 CDD-294.5436

Índices para catálogo sistemático:
1. Merkaba : Dinâmica espiritual 294.5436

Direitos de tradução para o Brasil
adquiridos com exclusividade pela
EDITORA PENSAMENTO-CULTRIX LTDA.
Rua Dr. Mário Vicente, 368 — 04270-000 — São Paulo, SP
Fone: (11) 2066-9000 — Fax: (11) 2066-9008
E-mail: atendimento@editorapensamento.com.br
http://www.editorapensamento.com.br
que se reserva a propriedade literária desta tradução.
Foi feito o depósito legal.

Dedicado ao meu Amor, minha esposa Claudette

Quando conheci minha esposa, soube que ela seguia uma tradição de compreender o coração, que remontava há mais de quatro mil anos. Suas professoras Catherine Shainberg e Kolette de Jerusalem a treinaram em Imagens do Coração.

A genealogia de Kolette retrocede ao primeiro povo da Terra para escrever a respeito do Mer-Ka-Ba (Mer-Ka-Va, em hebraico), neste ciclo de existência. No entanto, os homens dessa tribo que ensinavam o Mer-Ka-Ba constataram que o seu povo não estava preparado para ter experiências interdimensionais diretas, e demonstrava uma profunda perturbação emocional quando interagia com outros mundos dessa maneira. Para resolver o problema, as mulheres da tribo criaram um sistema de conhecimento para preparar seu povo para a interação com outros mundos, usando o mistério feminino das Imagens do Coração.

Quando minha esposa me mostrou essas imagens pela primeira vez, não consegui encontrar dentro de mim nada que explicasse o que elas eram ou como atuavam na alma humana. Tudo o que eu sabia era que elas funcionavam.

Os mais de oito anos em que estudei os trabalhos de Claudette acabaram por me conduzir à pesquisa para este livro. Estou certo de que, sem a sua influência, eu ainda estaria procurando essas respostas na minha mente. Portanto, estou em débito com ela, pois suas Imagens do Coração acabaram me levando à experiência que irei compartilhar com vocês. Claudette, eu amo você, e lhe agradeço do fundo do meu coração.

— Drunvalo

Se alguém lhe disser,
"Na cidade fortificada do imperecível,
o nosso corpo, existe uma lótus,
e, nessa lótus, um espaço pequenino:
o que ele contém
que faça alguém desejar conhecê-lo?"

Você precisa responder:
"Tão vasto quanto o espaço exterior
é este pequenino espaço dentro do seu coração:
céu e terra nele estão, fogo e ar,
sol e lua, os relâmpagos e as constelações,
tudo o que pertence a você aqui embaixo
e tudo o que não pertence,
tudo isso está reunido naquele pequeno espaço
dentro do seu coração."

— Chandogya Upanishade 8.1.2-3

Dado a mim por Ron LaPlace no dia seguinte ao que este livro foi concluído.

— Drunvalo

Prefácio

Desde 1971, eu venho estudando intensamente a meditação e o corpo de luz humano chamado Mer-Ka-Ba, e o meu ser esteve absorto nessa antiga tradição durante a maior parte de minha vida adulta. O Mer-Ka-Ba sempre me pareceu englobar tudo e ser a resposta às minhas inúmeras perguntas a respeito da vida. A minha orientação interior me ensinou a geometria sagrada que me levou à descoberta desse corpo de luz, e a própria geometria sagrada me pareceu ser completa e conter todo o conhecimento e mistérios do universo. Era realmente espantoso.

Entretanto, após muitos anos de experiência com esses campos de luz, aos poucos foi ficando claro para mim que havia algo mais, embora por um longo tempo eu não conseguisse entender o que poderia ser esse algo mais. Como sempre, Deus revela a Si Mesmo/ Mesma de modos incomuns e muitas vezes misteriosos. Em algum lugar dos mundos interiores de meus espaços, uma joia esotérica de imenso valor espiritual, que vai além do Mer-Ka-Ba, começou gradualmente a entrar em minha vida. E por que razão? Só posso presumir que fosse para ser usada.

Assim, este livro é o meu presente para você, pois verdadeiramente sei quem você é e o amo como a Terra ama o Sol. Eu acredito em você, e acredito que usará esses conhecimentos com sabedoria, embora não esteja realmente preocupado que alguém possa usar de maneira equivocada essa informação, visto que ela não pode ser mal utilizada.

— Drunvalo

Sumário

Introdução

Muito tempo atrás, nós, seres humanos, éramos muito diferentes. Podíamos nos comunicar e ter experiências que somente poucas pessoas no mundo moderno de hoje poderiam apenas começar a compreender, pois usávamos uma forma de comunicação e percepção que não envolvia absolutamente o cérebro, mas provinha de um espaço sagrado dentro do coração humano.

Na Austrália, os aborígines ainda estão conectados a uma rede de vida muito antiga a que chamam de hora do sonho*. Nesse sonho coletivo, ou estado de consciência, eles continuam a existir dentro de seus corações e vivem e respiram num mundo que se perdeu quase completamente para a mente ocidental de hoje.

Não muito longe, na Nova Zelândia, os maoris podem ver, em suas "meditações", através da vastidão do espaço até os Estados Unidos. Dessa maneira, conectam-se em tempo real com os hopis, para marcar encontros e trocar profecias. Essa comunicação é feita sem nenhum artifício "tecnológico".

No Havaí, os kahunas entram em comunhão com a Mãe Terra e perguntam em que local os peixes estão nadando, para que pos-

* Em inglês, dreamtime. (N. do E.)

sam alimentar o seu povo. Então, nuvens brancas gigantescas se formam num céu límpido e assumem a forma de uma mão humana, que aponta a localização de um cardume.

Num vale entre as altas montanhas de Serra Nevada, na Colômbia, vive uma tribo nativa que conhece uma linguagem sem palavras. Essa linguagem vem de um espaço sagrado em seus corações.

Se ao menos pudéssemos nos lembrar! Antes da Babilônia, afirma a Bíblia Sagrada, a humanidade era abençoada por uma língua única conhecida por todos os povos da Terra. Mas, depois, fomos separados por centenas de línguas faladas, que criaram barreiras entre nós, separando-nos uns dos outros, cada um em nosso próprio, pequeno e introvertido mundo.

A desconfiança provocada pela falta de entendimento foi nossa sina involuntária, que nos predestinou a lutar uns contra os outros. Não conseguíamos conversar; era a separação na sua forma mais fria. Mesmo tendo nascido da mesma Fonte cósmica, irmãos e irmãs eram incapazes de expressar seus pensamentos e sentimentos, e logo se tornaram inimigos. E assim, com o passar dos séculos, o antigo modo de entrar no coração para vivenciar o sonho comum acabou se perdendo no isolamento da mente humana.

Este é um livro que propicia a recordação. Você sempre teve esse lugar em seu coração e ele ainda está aí. Esse lugar existe desde antes da criação e existirá mesmo depois que a última estrela irradiar sua luz brilhante. Durante a noite, quando começa a sonhar, você deixa a sua mente e entra em seu espaço sagrado dentro do coração. Mas você se recorda dele? Ou se recorda dos sonhos?

Por que estou falando sobre esse "algo" que está se desvanecendo da nossa memória? Que bem faria reencontrar esse lugar, num mundo em que a maior religião é a ciência e a lógica da mente! Será que não sei que este é um mundo onde as emoções e os sentimentos são cidadãos de segunda classe?

Sim, eu sei. Meus instrutores espirituais, no entanto, me pediram para lembrá-lo de quem você realmente é. Você é mais do que apenas um ser humano, muito mais. Porque dentro de seu coração existe um lugar, um lugar sagrado, onde o mundo pode ser literalmente refeito por meio da cocriação consciente. Se você realmente quer paz de espírito e deseja voltar para casa, eu o convido a conhecer a beleza que existe dentro do seu próprio coração. Com a sua permissão, eu lhe mostrarei o que me foi mostrado e lhe darei as instruções exatas do caminho que leva ao seu coração, onde você e Deus são intimamente Um.

A escolha é sua. Mas eu devo preveni-lo: essa experiência implica uma enorme responsabilidade. A vida sabe quando um espírito nasce para mundos mais elevados, e utilizará você do mesmo modo que utilizou os grandes mestres que já viveram. Se ler este livro e fizer a meditação, e ainda assim esperar que nada mude em sua vida, você poderá ser pego de surpresa. Depois que tiver entrado na "Luz da Grande Escuridão", sua vida mudará — você acabará se lembrando de quem realmente é, e a sua vida será dedicada ao serviço à humanidade.

Os dois últimos capítulos guardam uma surpresa e um raio de muita esperança. O corpo de luz humano que circunda o corpo num diâmetro de quinze a vinte metros, o Mer-Ka-Ba (sobre a qual eu escrevi em meus dois primeiros livros, *The Ancient Secret of the Flower of Life**, volumes 1 e 2) tem um segredo inerentemente conectado com esse espaço sagrado do coração. Se estiver praticando

---

* *O Antigo Segredo da Flor da Vida*, volumes 1e 2, publicados pela Editora Pensamento, SP, em 2009 e 2010, respectivamente.

a Meditação do Mer-Ka-Ba, eu acredito que você achará a informação contida neste livro de suma importância para a sua jornada de ascensão rumo aos mundos de luz superiores. Por outro lado, se estiver interessado apenas no espaço sagrado do coração, que estas palavras possam ser uma bênção na sua vida, e que o ajudem a se lembrar de sua verdadeira natureza.

Um último comentário: este livro foi escrito com o menor número possível de palavras que permitisse comunicar o significado e ainda assim manter a essência dessa experiência; suas imagens são propositalmente simples, pois foi escrito com o coração, e não com a mente.

Capítulo Um

Partindo da Mente

A Limpeza do Ar com Tecnologia

A Limpeza do Ar com o Corpo de Luz Humano

O Encontro do Mundo Interior do Coração

Quase ao acaso, escolhi um ponto aparentemente arbitrário da minha vida para começar minha história: não um momento em que eu estava meditando sobre os mundos mais elevados de geometria sagrada ou do Mer-Ka-Ba, mas uma simples cena cotidiana, em que tomei a decisão de ajudar a Terra a recuperar seu meio ambiente usando a tecnologia da mente. Sinto que todos nós temos essa responsabilidade e, como eu iria falar a respeito desse assunto, como fiz em algumas de minhas palestras, teria que vivenciá-lo. Assim, mantive-me aberto a todas as situações que surgissem em meu caminho e nas quais eu pudesse ajudar, pessoalmente, a melhorar as condições ambientais de nosso querido planeta.

No entanto, para que vocês compreendam, quero esclarecer que não é o tema da limpeza do meio ambiente em si a razão pela qual estou contando essa história. Foi o que aconteceu comigo, e o modo como a minha vida mudou enquanto eu estava realizando experiências com uma máquina ambiental chamada R-2, o que começou a abrir o meu espírito para uma maneira nova e diferente de encarar a vida.

Mal sabia eu, naquela ocasião, que esses experimentos tecnológicos poderiam me conduzir para além da minha mente, levando-me a partes desconhecidas de minha consciência e a um lugar profundo e secreto em meu coração.

A Limpeza do Ar com Tecnologia

A história começa em maio de 1996, quando um velho amigo me ligou para perguntar se eu estaria interessado em ajudar num projeto de limpeza da poluição do ar em Denver, Colorado. Manterei o seu nome em sigilo, pois creio que ele preferiria assim; apenas o chamarei de Jon. Esse homem era um cientista renegado que estudava todos os aspectos da vida e do mundo físico, num pequeno mas sofisticado laboratório doméstico.

Duvido que o seu QI pudesse ser sequer mensurado, pois se tratava claramente de um gênio magistral. Jon havia criado um novo modo de "ver" a realidade, usando emissões de micro-ondas, o que lhe dera uma tremenda vantagem na busca de respostas para o nosso mundo. Até mesmo o governo americano, depois de conhecer o seu trabalho, só foi capaz de duplicá-lo recentemente.

Jon disse que ele e seus associados, um dos quais Slim Spurling, com as suas incríveis bobinas, haviam descoberto algo a respeito da natureza que poderia sanar alguns dos problemas ambientais do planeta, e queria que eu visse o que era. Afirmou que haviam eliminado a poluição atmosférica em Denver e que o ar agora estava imaculado, e pediu que eu fosse até lá e visse por mim mesmo.

Quase não pude acreditar no que vi, pois eu tinha morado em Boulder, a alguns quilômetros de Denver, cidade que, no final dos anos 70, tinha o ar mais poluído dos Estados Unidos, pior até do que o de Los Angeles. Essa foi uma das razões pelas quais eu me mudei de lá. Cheguei a pensar que Jon pudesse estar exagerando, mas, conhecendo o seu intelecto e genialidade, qualquer coisa seria possível. Assim, pensei, por que não ir? Eu precisava mesmo sair um pouco, e essa oportunidade parecia ser no mínimo interessante.

Decidi ir com a mente aberta, sem expectativas. Mesmo se o que Jon dissera não fosse verdade, essa viagem me levaria às proximidades dos cumes nevados das Montanhas Rochosas, que sempre fizeram com que eu me sentisse mais vivo.

♥ ♥ ♥

Uma semana depois, saí de um avião em Denver para entrar numa atmosfera virginal, de uma qualidade que raramente vi em minha vida. Parecia até que não havia atmosfera, pois eu podia ver as árvores nas montanhas a mais de trinta quilômetros de distância.

Fiquei parado ali, como um turista perdido numa terra estranha, contemplando um ar límpido como nunca tinha visto nos cinco anos em que morara na cidade. Dizer que o meu interesse havia sido espicaçado é pouco; eu estava fascinado. Será que Jon tinha mesmo feito isso?

Um táxi do aeroporto chegou lentamente até mim, com seu motorista exibindo um estado de espírito calmo e relaxado. Sinalizou-me para que eu me sentasse no assento da frente, como se fôssemos velhos amigos, e em minutos estávamos silenciosamente deslizando para a residência e laboratório de pesquisa de Slim Spurling, um lugar que eu nunca tinha visto, mas do qual já ouvira grandes histórias.

Lembro-me de ter olhado nos olhos do motorista e ter a impressão de que ele estava livre de qualquer stress, uma qualidade pouco comum num motorista de táxi. Perguntei se gostava do que fazia e, olhando para a estrada à sua frente, ele disse que adorava o seu trabalho. Para ele, as pessoas eram como livros abertos que lhe contavam histórias das experiências que tiveram enquanto viajavam pelo mundo.

Aproveitando a deixa, ele me perguntou o que eu fazia em Denver. Respondi que estava ali para encontrar uma resposta para os problemas de poluição do mundo. Ele olhou para mim, agora com um ar de inocência infantil, e disse,

— A poluição já era. Veja, não há mais poluição no ar.

Comentei que podia ver que o ar estava surpreendentemente limpo.

— Mais do que isso — ele disse. — Todas as pessoas que conheço se sentem muito bem! Você sabe o que aconteceu?

Não soube o que responder. Logo em seguida paramos ao lado de uma série de velhos prédios de apartamentos de dois andares, na longa rua que termina na Colorado School of Mines, em Golden, Colorado. Aqui eu devia encontrar Slim Spurling, um dos pesquisadores que compilavam as informações dos experimentos com um novo instrumento de redução da poluição, chamado R-2.

O R-2 era uma invenção mágica que, de algum modo, capturava a onda eletromagnética emitida por uma nuvem de chuva imediatamente antes de descarregar um raio, e a reenviava sobre uma área de mais ou menos cinquenta quilômetros. Esse processo quebrava os hidrocarbonetos* presentes no ar em moléculas inofensivas, de oxigênio e vapor d'água. Seria mesmo verdade? Ao se respirar o ar na rua onde Slim Spurling morava, realmente parecia que sim.

Bati na porta e ouvi Slim gritar para que eu entrasse. Sua casa era definitivamente um laboratório, e não um lugar para se viver, dormir e comer. Logo ficou claro que sua real moradia era o andar de cima, separado do seu mundo de pesquisas.

Estranhas bobinas de cobre de vários tamanhos estavam espalhadas pelo assoalho, onde havia também outras coisas que somente Deus e Slim sabiam o que eram. No entender desse homem, que parecia uma mistura de Merlin, com sua barba longa e branca, e um vaqueiro procurando sua vaca perdida para pastoreá-la de volta para casa, essas "velhas bobinas" estavam realmente contribuindo para limpar a poluição atmosférica de Denver.

---

* Os hidrocarbonetos mais poluentes e reativos da atmosfera são os emitidos pelos escapamentos dos automóveis. Na presença de NO, sob condições de inversão de temperatura, baixa umidade, luz solar, estes hidrocarbonetos produzem o indesejável *smog* fotoquímico, manifestado pela presença de substâncias particuladas que obscurecem a visibilidade, oxidantes como ozônio e espécies orgânicas nocivas, como os aldeídos (Manahan, 2001). (N. do E.)

Jon não estava lá no primeiro dia, apenas Slim e dois outros pesquisadores que testavam o equipamento. Logo os dois foram embora e eu fiquei sozinho com Slim. Foi quando comecei a entender esse homem, que era outro gênio, como logo ficou claro. Estive com ele e seus colegas por alguns dias, adquirindo o conhecimento que concordaram em compartilhar comigo.

O R-2 funciona da seguinte maneira (na realidade, a explicação é muito mais complexa; o que vem a seguir é uma mera simplificação): a onda eletromagnética emitida por uma nuvem de chuva imediatamente antes da descarga do raio é duplicada numa máquina especial (que não é o R-2). Essa onda é transferida para o chip de um computador instalado no R-2, cujo sistema de som a reenvia para a atmosfera por meio de uma bobina acoplada nele, chamada harmonizador. A onda então cresce e se expande até se tornar um campo toroidal (na forma da câmara de ar de um pneu), afetando as ondas de gravidade e eliminando a poluição até uma certa distância. O R-2 tem quatro botões de controle ligados às extremidades de varas metálicas com ranhuras helicoidais ao longo de seu comprimento, formando um tetraedro. Esses botões podem ser girados para sintonizar o campo toroidal de modo a "ativá-lo".

Jon e Slim consideravam o campo toroidal como algo "vivo" (eu também passei a considerá-lo assim depois de ter testemunhado como ele interage com a natureza). Tentei manter a mente aberta, visto que muito do que eu presenciava era novidade para mim na época.

Primeiramente, aprendi a sintonizar o R-2 com base numa sensação que eu tinha no terceiro olho ao girar os quatro botões da unidade. Realmente, era muito fácil; como eu já tinha muita experiência no campo psíquico, fazer isso parecia algo completamente natural para mim. (Posteriormente, percebi que poucas pessoas conseguem fazer isso corretamente, mas quase todos os sensitivos podem ser treinados.)

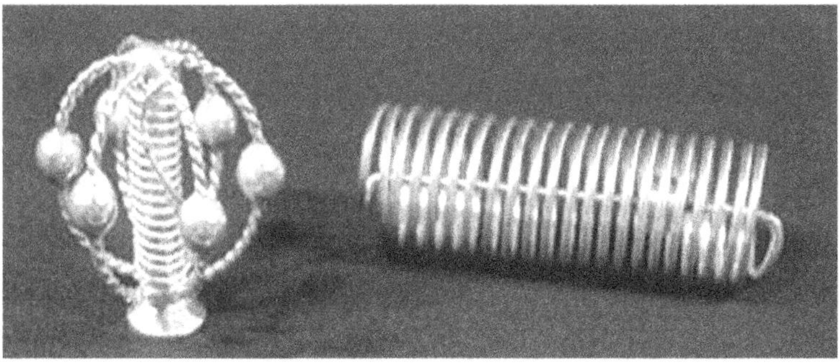

A parte central do R-2, duas das bobinas de Slim Spurling: o harmonizador (esquerda) e a Acu-Vac (direita)

Continuei meu treinamento até o dia em que Jon e Slim acharam que eu já estava pronto para testar minhas habilidades. Eu teria que sintonizar o R-2 na natureza e devolver o equilíbrio a uma pequena área de Denver que havia "saído de sintonia". (Se um R-2 fica fora de sintonia, a área em que ele está operando retorna ao estado original de poluição rapidamente, geralmente dentro de duas semanas). Nessa altura eu quase não podia acreditar que qualquer área de Denver pudesse estar poluída, mas Jon e Slim afirmaram que estava.

Viajamos de carro por uns trinta quilômetros pela parte sudeste de Denver, uma área que eu desconhecia, seguindo dali para a borda externa da cidade. Estacionamos o carro à margem da rodovia e começamos a subir a pé pela encosta de uma colina, até chegarmos ao seu cume. Na medida em que subíamos, uma pequena floresta ia surgindo no topo.

Nunca me esquecerei do que vi ao chegarmos ao cume e olharmos para baixo, na direção do amplo vale do outro lado. Todo ele estava coberto por uma nuvem marrom-avermelhada de pura poluição, que se espalhava por vários quilômetros. Sob um pequeno álamo, oculta da visão de qualquer um que por ali passasse casualmente, uma unidade operacional R-2 silenciosamente cantava sua canção de nuvem de chuva. O problema era que ela estava fora de sintonia.

Jon e Slim pediram que eu me sentasse em frente ao R-2, enquanto eles verificavam se eu tinha aprendido as minhas lições. Cheio de intenso interesse e maravilhado como uma criança, sentei-me em frente ao R-2 com as pernas cruzadas e fechei os olhos, começando a meditação e procurando sentir o que sintonizaria a unidade.

Quando comecei a girar os sintonizadores, Jon me deteve e disse:

— Mantenha os olhos abertos e observe a nuvem de poluição.

Eu não havia sido treinado dessa maneira, mas obedeci. Olhei para a nuvem e recomecei a ajustar os sintonizadores. Jon me parou novamente e disse:

— Também escute os pássaros.

Virei-me para ele e perguntei:

— O quê?

Ninguém havia mencionado os pássaros para mim em todo o meu treinamento. Ele repetiu:

— Apenas ouça os pássaros. Você compreenderá.

Eu não tinha ideia do que ele estava falando, mas comecei assim mesmo. Quando girei o primeiro sintonizador, senti a área mudar por quilômetros ao redor, mas nada aconteceu no mundo visível. Quando ajustei o último sintonizador, entretanto, duas coisas aconteceram simultaneamente, e ambas me surpreenderam e chocaram.

Instantaneamente, a nuvem marrom-avermelhada de poluição desapareceu, deixando em seu lugar uma atmosfera clara e límpida. Foi exatamente como um milagre. E, no momento em que a nuvem desapareceu, uma centena de pássaros começou a piar e cantar excitadamente ao meu redor. Eu nem sequer sabia que eles estavam ali. Os dois acontecimentos juntos tiveram o mais estranho efeito sobre mim, psiquicamente. Eu tinha visto e sentido o poder do R-2 e, naquele instante, tive a certeza de que essa nova ciência era real e que eu certamente teria que aprender mais sobre ela por meio da experiência direta.

Durante essa época, especialmente em 1995 e no princípio de 1996, o ar de Denver se manteve extremamente limpo enquanto o R-2 estava operando. Entretanto, o Departamento de Proteção Ambiental da cidade estava levando todo o crédito por esse fenômeno. O Departamento dizia que as medidas que havia tomado eram as razões por que o ar de Denver estava tão limpo. Porém, eu assisti quando o R-2 instantaneamente limpou grandes áreas da cidade bem diante de meus olhos, e então me dei conta de que o Departamento estava simplesmente se dizendo responsável por algo com o qual ela quase nada tinha a ver.

Além disso, Jon e Slim testaram o R-2 num laboratório independente em Fort Collins, Colorado, o qual provou sem qualquer sombra de dúvida que o R-2 estava fazendo exatamente o que ambos afirmavam. Os técnicos desse laboratório mantiveram a unidade operando por um tempo e depois a desligaram. Puderam, assim, registrar cientificamente que a poluição diminuiu enquanto o R-2 funcionou e aumentou quando ele foi desligado. Fizeram isso várias vezes por um período, se bem me recordo, de cerca de três meses. A Força Aérea Americana da Base Aérea de Kirkland, que também estivera observando esse experimento e o que eu iniciei em Phoenix, do qual falarei em breve, perguntou se nós nos submeteríamos e o nosso equipamento ao seu escrutínio científico.

Nós concordamos, e os testes que realizaram provaram conclusivamente que o R-2 realmente eliminava a poluição do ar.

Quando retornamos para o laboratório, Jon e Slim me fizeram sentar e me ofereceram o meu próprio R-2, para que eu o levasse para casa no Arizona e o experimentasse. Tenho que admitir, eu me senti como uma criança que acabara de receber um presente muito desejado. Pacientemente, tive que esperar até chegar em casa, sozinho, para começar a investigar ainda mais a fundo essa inacreditável máquina.

♥ ♥ ♥

Ao chegar em casa, li as manchetes do *Arizona Republic* de 30 de maio de 1996, que descreviam o terrível problema da poluição atmosférica que se desenvolvera em Phoenix. O governador do Arizona, Fife Symington, dizia que a poluição na cidade era tamanha que a classificação de Phoenix estava a ponto de ser elevada para "grave". Alarmes eram emitidos com frequência, e a situação piorava a cada dia.

Para enfrentar o problema, o governador Symington tinha criado uma força-tarefa denominada "Estratégias do Ozônio", chefiada pelo procurador Roger Ferland. Referindo-se à busca de uma solução para o problema da poluição, o senhor Ferland disse o seguinte, no artigo do *Arizona Republic*: "Eu quero dizer tudo mesmo. Não há nada que nós não consideraremos, não importa o quão radical, ou bizarro, ou rigoroso ou caro. Nós consideraremos tudo". E afirmava que limpar Phoenix era uma necessidade absoluta, caso contrário a poluição do ar iria destruir o turismo e afetar quase todos os negócios, além dos problemas de saúde que causaria.

E, assim, eu escrevi uma carta para o senhor Ferland pedindo ajuda para instalar a unidade R-2 em Phoenix. Como nós tínhamos evidências científicas de que ela funcionava, conforme atestado tanto por um laboratório independente quanto pela Força Aérea Americana, e como não estávamos pedindo ajuda financeira, pensei que eles fossem nos escutar. Mas como eu estava errado! Nessa carta eu simplesmente pedia à Prefeitura de Phoenix que nos desse a oportunidade de mostrar que poderíamos fazer a limpeza do ar. Nós arcaríamos com todos os custos, e tudo o que precisariam fazer seria reconhecer a nossa presença e monitorar o que estivéssemos fazendo.

Alguns dias depois, recebi um telefonema da prefeitura, de um homem chamado Joe Gibbs, dizendo que eles não estavam interessados no nosso R-2 e que não nos ajudariam de modo algum. Imagine a minha perplexidade com essa resposta. Foi então que comecei a ver que o artigo no jornal tivera fins puramente exibicionistas e políticos, e que eles não tinham nenhuma intenção de realmente limpar a poluição em Phoenix. Desprezaram-me em todos os aspectos.

Felizmente, ninguém poderia me impedir de continuar pesquisando, porque o R-2 se alimenta de uma bateria de nove volts e usa milivolts para operar, e a lei federal diz que qualquer aparelho que utiliza menos de um volt não tem seu uso regulamentado pela legislação.

Assim, com meu próprio esforço, no dia 4 de junho de 1996 eu liguei a primeira unidade R-2 em Cave Creek, na divisa norte de Scottsdale. O ar estava tão sujo e seco naquele dia que era realmente difícil respirar. Não chovia havia meses, e até os cactos estavam morrendo. Nada aconteceu nos três primeiros dias. Porém, no quarto dia, uma pequena nuvem negra de chuva apareceu sobre a minha casa. Em toda a parte sul do Arizona não havia uma única nuvem, com a exceção da que mencionei sobre a minha casa e sobre a pequena unidade R-2. Então, essa nuvem começou a se expandir e a aumentar de tamanho.

No décimo dia, a pequena nuvem havia atingido 25 quilômetros de diâmetro e, pela primeira vez depois de um longo tempo, começou a chover e a cair raios. E como caíram raios! Tantos assim eu só tinha visto uma ou duas vezes na vida. A tempestade continuou por horas a fio, com relâmpagos e raios transpassando o céu e enchendo o ar com o cheiro sensual de ozônio. Então, lentamente o céu se abriu para despejar a água da chuva. Daquele momento em diante, continuou a chover quase todos os dias, limpando o céu da poluição e enchendo os rios e lagos com água fresca.

Em 1º de setembro de 1996, o campo ondulatório criado pelo R-2 foi estabelecido e, daquele dia em diante, não houve mais alertas de poluição — nem uma única vez, até a Força Aérea Americana pedir que desligássemos o R-2 para ver o que aconteceria.

Atendendo ao pedido, desligamos a máquina em 12 de maio de 1998, e já no fim daquele mês a poluição retornara, com a prefeitura emitindo o seu primeiro alerta desde 1996. Enquanto durou esse teste (na realidade, nós havíamos instalado uma segunda unidade R-2 na própria cidade de Phoenix, em março de 1997, e foi somente então que os resultados começaram a aparecer), as medições de hidrocarbonetos em Phoenix ficaram quase sempre no nível de um dígito. Em algumas ocasiões os níveis de hidrocarbonetos caíram para zero bem no centro da cidade. Não havia rigorosamente nenhuma poluição por hidrocarbonetos. Infelizmente o R-2 não era eficaz contra os nitratos, outro agente químico que causa a poluição por ozônio, mas realmente ajudou muito com os hidrocarbonetos. Tudo está registrado em documentos públicos.

No final desse teste, eu tinha a certeza de que o R-2 era um sucesso, mas a Força Aérea Americana, que vinha monitorando as minhas ações, entrou em cena e me pediu para encerrar a operação, pois queriam ver o que aconteceria. Ao mesmo tempo, me informaram que o Departamento de Proteção ao Meio Ambiente dos Estados Unidos (EPA) nunca daria permissão para o que eu estava fazendo, e sugeriram que eu utilizasse aquela tecnologia fora dos Estados Unidos. E assim, com a bênção da Força Aérea Americana, eu comecei a experimentar o R-2 em terras estrangeiras.

De junho de 1996 a maio de 1998 eu realizei vários trabalhos com o R-2 e consegui resultados impressionantes, mas nenhum deles foi reconhecido pela prefeitura de Phoenix. Finalmente, enviei outra carta para essa prefeitura:

7 de maio de 1998

Prefeitura de Phoenix

Atenção: Prefeito Skip Rimsza

200 W. Washington

Phoenix, Arizona 85003

Caro Prefeito Rimsza,

Em maio de 1996 o Arizona Republic publicou um artigo descrevendo a gravidade da poluição em Phoenix, e como o futuro da cidade estava em jogo por esse problema. O artigo dizia que o governador Fife Symington havia instaurado a Força-Tarefa "Estratégias Para Ozônio", chefiada pelo procurador Roger Ferland. Esse artigo está anexado. O senhor Ferland disse o seguinte, ao referir-se ao combate do problema da poluição, "Eu quero dizer tudo mesmo. Não há nada que nós não consideraremos, não importa o quão radical, ou bizarro, ou rigoroso ou caro. Nós consideraremos tudo".

Naquela ocasião conversei com o senhor Joe Gibbs, que fazia parte dessa Força-Tarefa, sobre o sistema de combate à poluição ambiental que estivemos usando em Denver, Colorado, durante o ano de 1995. Como resultado, Denver registrou o seu ano mais limpo de todos os tempos, durante o período em que estivemos usando o nosso sistema.

O senhor Gibbs nos disse que não estava interessado em nosso sistema, mas que, como ele utiliza menos de um watt de potência, não havia leis que nos impedissem de conduzir um teste, se nós assim desejássemos. Dissemos ao senhor Gibbs que faríamos o teste inteiramente à nossa custa e ele ainda assim não demonstrou interesse. Perguntamos se ele pelo menos monitoraria o que estávamos fazendo, e ele se recusou. Sinto dizer que o senhor Gibbs realmente não nos ajudou em nada, assumindo uma atitude completamente diferente da que o senhor Ferland expressara no artigo mencionado. Meses depois, quando tentamos passar para o senhor Gibbs os resultados do teste científico independente realizado em Fort Collins, que provavam que o nosso equipamento funcionava, ele disse que estava muito ocupado. Até mesmo quando a Força Aérea, que também esteve trabalhando conosco, procurou o senhor Gibbs para conversar, ele ainda não estava interessado.

Em 4 de junho de 1996, instalamos em Cave Creek um sistema com um alcance de mais ou menos 50 quilômetros. São necessários três dias para o sistema ser ativado e depois cerca de três meses para se estabilizar. Em 1º de setembro de 1996 o equipamento estava plenamente operacional. Uma cidade como Phoenix deve ter pelo menos dez unidades como essa funcionando, mas nós não temos condições financeiras para tanto. Operar somente uma unidade é como ter um lindo carro novo com apenas 25 HP de potência, mas era melhor do que nada.

Antes de 1º de setembro de 1996, Phoenix já estava em alerta havia um número incomumente elevado de dias, e seus níveis de poluição estavam na iminência de passar para a classificação de "grave" pela EPA. Entretanto, depois dessa data, acredito que não tenhamos tido um único dia de alerta, e a poluição tem caído regularmente. Em março de 1997, outra unidade foi instalada nas proximidades do aeroporto. Esse acréscimo produziu um sistema muito mais potente, e afetou Phoenix mais profundamente.

A Base Aérea de Kirkland, no Novo México, há algum tempo vem mostrando interesse pelo que estamos fazendo. Eles realizaram testes em alguns de nossos equipamentos e, se vocês estiverem interessados em saber o que eles pensam a respeito, podem entrar em contato com o tenente-coronel Pam Burr no número 505.../.....(número telefônico propositadamente deixado em branco).

A razão pela qual escrevemos esta carta é informar que estamos desmontando o nosso equipamento desde 12 de maio de 1998, e já deixamos o sistema sair de sintonia há três semanas. Nos próximos noventa ou cento e vinte dias, a poluição do ar poderá retornar aos níveis em que se encontrava antes de junho de 1996. A julgar pelo modo como a prefeitura de Phoenix respondeu a essa ciência até agora, nós não esperamos manter mais nenhuma comunicação com os senhores. Entretanto, se acharem que talvez possamos ajudá-los a manter nossa cidade limpa de poluição, por favor, entrem em contato.

Caring for the Earth
Dru Melchizedek
Gerente Geral
c.c: Tenente- coronel Pam Burr
Arizona Republic
QED Research, llc
Governadora Jane Hull

♥ ♥ ♥

Durante esse período de testes, aos poucos comecei a entender o que estava realmente acontecendo e como a consciência humana estava interagindo com o campo do R-2. Descobri que esse aparelho foi criado fisicamente à imagem do corpo de luz humano, o Mer-Ka-Ba. Portanto, devia ser possível para uma pessoa que conheça a Meditação do Mer-Ka-Ba e que também conheça a vibração da nuvem de chuva, combinar esses dois componentes e então duplicar a ação do R-2 usando somente a pura consciência, sem a ajuda de uma máquina. Pensei a respeito por horas a fio. Então, um dia eu me encontrava na Austrália, ensinando o Mer-Ka-Ba, quando um dos estudantes perguntou:

— Bem, se o R-2 pode mudar a atmosfera sobre uma área, por que uma pessoa que conhece o Mer-Ka-Ba não pode fazer isso ela mesma?

Essas eram justamente as minhas indagações...

A Limpeza do Ar com o Corpo de Luz Humano

Havia uma seca terrível no extremo norte da costa leste da Austrália. Não me recordo da época exata, mas deve ter sido em 1997 ou 1998. Tudo estava incrivelmente seco, em todo lugar havia incêndios florestais, sem sinal de que acabariam, e o ar estava pesado com a fumaça. Assim, com aquele estudante e mais três outras testemunhas, comecei a meditação do Mer-Ka-Ba e emiti o som da onda de uma nuvem de chuva, por meio do meu corpo de luz, para a atmosfera que nos circundava por alguns quilômetros.

Nada aconteceu naquela tarde. Porém, na manhã seguinte, acordamos com o som da chuva batendo no teto metálico de nossa cabana, e com o céu coberto de neblina e nuvens altas. Pulei da cama e corri para a janela para ver a chuva intensa caindo como uma cachoeira ao redor da casinha. A excitação no meu coração era tanta, que fazia eu me sentir como uma criança.

Eu sabia que tinha funcionado, mas também sabia que havia sido apenas uma vez, e somente uma vez poderia ter sido apenas uma coincidência. A chuva continuou durante três dias, e ainda não havia parado quando voltei para os Estados Unidos. Posteriormente, quando já estava em casa, recebi um telefonema de um amigo na Austrália. Segundo ele, depois de duas semanas ainda chovia torrentemente, todos os incêndios florestais tinham se extinguido e o governo declarara que a seca havia terminado.

Meu interesse foi estimulado. Teria sido realmente verdade? Poderia um ser humano comum mudar as condições meteorológicas por meio da meditação? Cerca de dois meses depois, eu estava na Cidade do México, ensinando um grupo a respeito do Mer-Ka-Ba, quando contei a história da chuva na Austrália. Um dos ouvintes perguntou:

— Bem, se você conseguiu fazer isso na Austrália, poderia fazer o mesmo aqui na Cidade do México? Nosso ar está tão poluído que quase não conseguimos respirar.

Tenho que admitir, eu tenho viajado pelo mundo inteiro e nunca vi um local com um ar tão poluído quanto o daquela cidade. Eu não conseguia enxergar além de dois quarteirões, porque depois disso a visão se reduzia a zero e os edifícios desapareciam. Na realidade, eu não podia nem mesmo ver o céu no meio do dia. Parecia que eu estava vivendo dentro de um domo marrom, e o ar cheirava como se eu estivesse atrás de um caminhão a diesel. A Cidade do México ia mesmo ser um bom teste.

Acompanhado de mais de quarenta testemunhas, fui para o meio da cidade, até uma antiga pirâmide localizada nas proximidades de várias rodovias. Subimos até o seu topo, de onde podíamos ver a cidade em todas as direções, embora somente até uma curta distância, devido à espessa poluição.

A pirâmide na Cidade do México

Sentamo-nos em círculo sobre uma área gramada ampla e plana, que havia no topo da pirâmide, e ficamos de frente um para o outro. Todos sabiam o que eu iria fazer: começar uma meditação, usando meu campo Mer-Ka-Ba natural como uma antena para emitir a vibração da onda de uma nuvem de chuva, imediatamente antes de descarregar um raio de seu ventre. Ajustei o meu relógio, como os outros fizeram, e comecei a meditar.

Depois de quinze minutos de meditação, um buraco azul se abriu no céu, diretamente acima da minha cabeça. Todos olharam para cima e apontaram. O buraco começou a crescer — e como cresceu! Depois de aproximadamente quinze minutos, seu diâmetro tinha aumentado para quase cinco quilômetros. Era um buraco perfeitamente redondo no ar poluído da cidade, dando a impressão de que alguém tinha usado um cortador de biscoitos para retirar um pedaço da poluição e simplesmente o jogado fora.

Um "paredão" marrom, formado de nuvens, permanecia em todas as direções ao nosso redor, mas onde nós estávamos, no meio daquela área, o ar estava claro e limpo. Havia um cheiro de rosas, e uma linda nuvem rosada formou-se no céu, acima de nossas cabeças. Foi impressionante!

Durante três horas e quinze minutos, conforme registramos, o paredão não se moveu. O governo enviou helicópteros sobre o buraco para saber por que ele havia surgido, mas eu nunca soube o que concluíram. Ao final desse período, eu disse ao grupo que iria interromper a meditação, e que observassem o que aconteceria. Imediatamente após o término da meditação, o paredão de poluição começou a se mover na nossa direção e nos atingiu em quinze minutos, envolvendo-nos novamente no terrível mau cheiro da fumaça da Cidade do México. E, mais uma vez, estávamos dentro do domo de poluição que encobre a cidade.

Lembro-me de como me senti, no meu íntimo, quando voava novamente para os Estados Unidos. Eu sabia, sem nenhuma dúvida, que a consciência humana era a resposta para todos os nossos problemas, e quase não pude conter minha empolgação durante o longo voo de volta. Depois disso realizei a mesma proeza novamente, duas vezes na Inglaterra e duas vezes na Holanda. Tudo funcionou perfeitamente em todas as ocasiões, cada uma delas diante de uma assistência de pelo menos cinquenta pessoas. Mas a segunda vez na Inglaterra mudou a minha vida dramaticamente.

O Encontro do Mundo Interior no Coração

Não me recordo exatamente em que local da Inglaterra eu estava, mas se tratava de uma região pantanosa, onde o sol não brilhava havia mais de seis meses. Toda a paisagem estava encoberta por uma neblina permanente, que fazia tudo ficar úmido e empapado. Eu estava num seminário de quatro dias ensinando mais ou menos 55 pessoas sobre o Mer-Ka-Ba, e no último dia sugeri que tentássemos a meditação para eliminar a poluição — embora não houvesse poluição ali, apenas a neblina. Minha orientação interior dizia, "Não se preocupe. Faça a meditação e veja o que acontece".

Região pantanosa

Não foi fácil convencer esse grupo inglês a sair ao ar livre, para a neblina e a chuva, e formar um círculo de meditação sobre um gramado molhado, mas finalmente concordaram. Acho que pensaram que eu era meio maluco, mas de alguma forma acreditaram em mim.

Todos trouxeram seus guarda-chuvas e plásticos pretos, para forrar os locais onde se sentariam. Assim, lá estávamos nós, 56 pessoas, incluindo eu mesmo, como perfeitos idiotas, sentadas em círculo em meio à neblina e à chuva, segurando guarda-chuvas para nos proteger dos elementos.

Em silêncio, comecei a fazer a meditação esperando que algo acontecesse, mas sem saber exatamente o quê. Depois de quinze minutos, um buraco azul se formou sobre as nossas cabeças e começou a se expandir, exatamente como acontecera na Cidade do México. Só que desta vez sua expansão foi muito mais rápida e ampla, e continuou até que o buraco atingiu cerca de treze quilômetros de diâmetro. Estávamos agora sob um céu azul e claro, com o sol da tarde atrás da parede de neblina, que permaneceu como uma cerca de oitocentos metros de altura, em volta do nosso círculo. E então aconteceu.

Um sentimento tomou conta de cada um de nós, quando todos pudemos perceber a presença de Deus. Meus braços ficaram arrepiados. Olhamos para o céu e havia uma lua cheia brilhando intensamente sobre nós. Só que era diferente. O céu estava tão limpo que parecia não haver nenhuma atmosfera. Ao redor da Lua, havia algo mais que eu nunca tinha visto, mas que já ouvira a respeito: estrelas! Estrelas ao redor da Lua bem no meio do dia! Foi realmente grandioso.

Minha atenção subitamente se voltou para a terra, e percebi que havia pequenos animais — esquilos, roedores, cães —, ao nosso redor, observando. Inúmeros pássaros estavam pousados nas árvores próximas, cantando suavemente. Olhei para as pessoas do círculo e era óbvio que estavam num estado alterado de consciência. Sorri, pensando em São Francisco, e observei os animais tentando chegar o mais próximo possível de nós, humildes seres humanos.

Lembro-me de um pensamento que surgiu em minha mente: "Gostaria que estivéssemos sob a luz do Sol; está um pouco frio". Imediatamente o círculo inteiro se iluminou. Virei-me rapidamente para a fonte de luz e vi um pequeno milagre em progresso: a parede de neblina havia ocultado o Sol, mas no momento em que meu desejo pelo aquecimento aflorou, formou-se nela um buraco exatamente onde o Sol se escondia, deixando penetrar um feixe de luz tal como uma lanterna numa noite de neblina. E o buraco acompanhou o movimento do Sol por uma hora e meia, banhando nosso pequeno círculo com a brilhante luz enquanto rezávamos.

Finalmente decidi que já havíamos visto o bastante, e de qualquer modo o Sol se poria em cerca de vinte minutos. Assim, falei com todos que eu iria interromper a nossa meditação. E, quando o fiz, o círculo de densa neblina imediatamente retornou para onde estávamos, e em minutos envolveu-nos novamente com a umidade e a chuva.

Enquanto nos levantávamos, aconteceu algo que foi um verdadeiro milagre pelos padrões de qualquer pessoa. Entre nós, havia um homem que viera para o seminário com a esposa e havia dez anos andava de cadeiras de rodas. Ele conseguiu ficar de pé apenas durante alguns segundos, tempo suficiente para mudar de posição ou ser transferido para outra cadeira; e sua esposa o vinha ajudando durante todo esse tempo. Quando todos começaram a deixar o círculo, esse homem levantou-se de sua cadeira de rodas e começou a andar de volta para a hospedaria junto com o grupo sem nenhuma ajuda, deixando a cadeira de rodas para trás. Ele estava andando! Não era possível! Cambaleava um pouco, mas estava andando!

Sua esposa quase perdeu a fala, mas me disse mais tarde que ele não somente estava andando como sua coluna tinha se curado e ele estava quase quinze centímetros mais alto. A alegria que inundou os nossos corações superou a emoção que tivéramos com o ocorrido no campo.

Como agente de cura, tenho visto muitos milagres na vida, mas muitas vezes a doença retorna no dia seguinte. Entretanto, na manhã seguinte o homem entrou caminhando na sala de café da manhã, com sua radiante esposa sorrindo ao seu lado. Além disso, conheci uma senhora que era amiga do casal, e que todo ano me ligava para dizer como ele estava. Segundo ela, depois de cinco anos ele ainda andava normalmente.

Esse é o caso de um homem que viu a verdadeira natureza da realidade, como resultado da experiência naquele campo inglês. Acredito que ele tenha percebido que tudo é apenas luz, e que o mundo é criado a partir da alma humana; ele sabia, sem sombra de dúvida, que podia curar a sua doença com a sua consciência, e assim o fez.

♥ ♥ ♥

Essa experiência na Inglaterra mudou a minha vida também, causando uma reviravolta que me levou a um despertar ainda desconhecido. Comecei a perceber que dentro da alma humana havia "algo" muito maior do que tudo o que a ciência ou a mente lógica já tinham considerado. O mundo exterior é criado por um mundo interior, e este de algum modo eu sabia que estava no coração humano.

E eu sabia que "isso" estava no coração humano, porque, quando eu meditava no meu campo Mer-Ka-Ba, emitindo a vibração da nuvem de chuva, sentia que a vibração se originava no meu coração e era produzida pelo amor que sinto pela Mãe Terra e por meio dele. Lentamente, eu estava sendo preparado para uma nova compreensão da minha relação com a vida.

Capítulo Dois

Enxergando na Escuridão

Uma Mulher Cega Consegue Ver

Crianças Paranormais da China

Inge Bardor — Vendo com as Mãos e os Pés

As Crianças Superparanormais da China

A Academia Internacional do Desenvolvimento Humano em Moscou

Jimmy Twyman e as Crianças Superparanormais da Bulgária

Uma Mulher Cega Consegue Ver

Alguns anos atrás, fiz amizade com Pete Carroll, que naquela época era o técnico dos New York Jets. Ele sempre me dizia que eu precisava conversar com uma conhecida dele, uma pessoa bastante diferente, que, na visão dele, era alguém que eu gostaria de conhecer. Eu andava tão ocupado que não nos vimos por vários meses. Então, um dia ele me perguntou se poderia dar meu telefone para ela e pedir que ela me ligasse. Eu concordei, e foi assim que conheci Mary Ann Schinfield, uma mulher extraordinariamente incomum. (Eu a mencionei brevemente no primeiro volume de *O Antigo Segredo da Flor da Vida.*)

Mary Ann era completamente cega e tecnicamente não tinha olhos, por isso não poderia ver absolutamente nada. Entretanto, ela era capaz de realizar tarefas diárias normais — até mesmo ler um livro e assistir televisão sem ajuda de ninguém.

Cientistas da NASA realizaram testes exaustivos para determinar como ela era capaz de "ver". Perguntaram o que ela via dentro de sua cabeça enquanto estava sentada numa sala, e ela — conforme me relatou mais tarde — disse-lhes que ela se deslocava pelo espaço e monitorava continuamente o que acontecia no sistema solar. Mais interessante ainda, ela disse que estava restrita a esse sistema, do qual não podia sair.

Os cientistas da NASA obviamente não acreditaram quando ela disse que "se deslocava pelo espaço", e fizeram um teste para saber se estava dizendo a verdade. Pediram-lhe que se aproximasse de um de seus satélites e lhes desse algum tipo de indicação sobre ele, como um número de série ou algo parecido. Não estou certo do que ela respondeu, mas ela o fez precisamente, e daquele momento em diante Mary Ann passou a pertencer à NASA. Nunca mais a liberaram e continuam a usá-la para os seus propósitos.

Acho que eu não teria consentido que fizessem isso comigo, mas ela concordou.

Um dia essa mulher me telefonou e, por cerca de quatro meses, conversamos semanalmente. Eu a achei uma pessoa incrivelmente interessante, pelo seu modo de interpretar a natureza da realidade em que vivemos. Na visão dela, a realidade é uma série de imagens originadas dentro da mente. Mary Ann nunca pensou a respeito dessa realidade como sendo "real", do modo que a maioria de nós pensa. Nós conversamos pelo telefone em todos os fins de semana sobre quase todos os temas que se possa imaginar, mas sempre do ponto de vista das suas "imagens".

Um dia, depois de mais ou menos dois meses, Mary Ann me perguntou se eu gostaria de "ver" através dos olhos dela. Não hesitei, e perguntei o que deveria fazer. Ela disse:

— Simplesmente deite-se na cama e deixe o quarto o mais escuro possível.

Minha esposa, Claudette, que tinha escutado nossa conversa, baixou as cortinas e apagou as luzes. Era tarde da noite, na época da lua nova, de modo que a escuridão imperava. Quando Claudette terminou, o quarto ficou em tal escuridão que eu não podia ver a minha mão em frente ao rosto. Mary Ann orientou-me a pegar um travesseiro e apoiar o telefone com ele, para ficar com as mãos livres. Eu estava agora num espaço completamente escuro e com os olhos fechados, esperando que alguma coisa acontecesse. Lembro-me de ter ficado ansioso por antecipação, pois sabia que iria experimentar algo novo.

Depois de um minuto, ela me perguntou se eu tinha visto alguma coisa. Mas não havia nada, tudo estava simplesmente escuro como fica quando fechamos os olhos. Depois de talvez outros cinco minutos, ela tornou a perguntar, e ainda não havia nada. Mas pouco tempo depois, como se um interruptor de luz tivesse sido ligado, uma imagem apareceu subitamente na minha visão interior. Era uma tela de televisão, e tão real que eu quase não pude acreditar.

A imagem estava ali, diante de mim, e os meus olhos interiores estavam fixos nessa tela de TV interna, porque se tratava de algo que eu nunca tinha visto em toda a minha vida. Mary Ann de algum modo sabia que eu estava ligado na sua visão, e falou:

— Você agora consegue ver, não é?

Tudo o que pude dizer foi:

— Posso, mas o que é isso?

— É apenas uma maneira diferente de enxergar. Consegue ver as telas pequenas ao redor da maior?

No centro eu vi uma tela grande que parecia estar a uns 30 centímetros dos meus olhos. Várias telas pequenas estavam alinhadas ao longo de seu perímetro, talvez umas sete telas em cima e outras sete embaixo, e seis de cada lado. As telas pequenas mostravam imagens que se moviam muito rapidamente, cada uma delas transmitindo informações sobre a tela central.

A TV interior

Mary Ann pediu que eu olhasse para a telinha na extremidade direita do topo da tela central, e me fixasse nela. Essa tela mostrava imagens de seres vivos e formas geométricas. Eu vi um cachorro, seguido de uma árvore e de um cubo, depois um cachorro e uma flor, e então um octaedro ou algum tipo de imagem geométrica. E continuou dessa maneira, em tamanha velocidade que a minha mente mal podia discernir as imagens.

Mary Ann disse que aquela telinha mostrava o que estava nas proximidades imediatas de seu corpo físico. Ela permitia que ela "visse", mesmo sendo cega. Impressionante!

Em seguida, ela pediu que eu olhasse para a telinha da extremidade esquerda e inferior da tela central. Essa telinha também mostrava imagens que se moviam muito rapidamente, mas eram muito estranhas. Mostrava pessoas que não pareciam humanas, e algumas vezes até golfinhos apareciam na tela. Mary Ann disse que esse era o seu sistema de comunicação com os seus irmãos e irmãs do espaço e de outras dimensões. Ela falava de seres extraterrestres!

Antes que eu pudesse pensar sobre o que tinha visto, ela pediu que eu olhasse para a tela central e dissesse o que via. Eu me vi então olhando por uma janela — que era perfeitamente real e não dava nenhuma impressão de que eu estava olhando para um monitor de TV — e vi o espaço profundo com milhares e milhares de estrelas em toda a parte. Eu nunca tinha visto as estrelas daquela maneira, e podia "sentir" a extrema profundidade do espaço em meu corpo. Era excitante, maravilhoso.

Naquele momento, os cientistas da NASA estavam trabalhando com Mary Ann, e pediram que ela acompanhasse os 21 fragmentos do cometa Shoemaker-Levy 9, que estavam na iminência de se chocar com Júpiter. Isso aconteceu em 1994. Os fragmentos do cometa se deslocavam por traz do Sol naquele instante, e estavam prestes a cumprir seu dramático destino na história espacial, chocando-se com a superfície de Júpiter.

Mary Ann me disse:

— Drunvalo, nós agora vamos virar para a direita. Você sentirá isso no seu corpo, mas não se preocupe.

Instantaneamente, comecei a sentir como se o meu corpo estivesse girando, mas obviamente ainda estava deitado na cama. A imagem dentro da tela maior começou a mudar, como se eu estivesse numa cápsula espacial que girava no sentido dos ponteiros do relógio. E ali, bem na minha frente, estava um dos fragmentos do cometa que o mundo todo observava à distância. Acho que estávamos a uns dez metros dessa bola incandescente de poeira e gelo, que era extremamente brilhante e parecia estar imóvel. Olhei fixamente para aquela "coisa", como se estivesse assistindo a um filme.

Finalmente, Mary Ann começou a falar.

— Estou trabalhando para a NASA no momento. Querem que eu responda a algumas perguntas sobre esses fragmentos, mas agora eu quero que você veja como eu vejo. O que você acha?

Imediatamente o meu foco foi para outro nível dessa experiência. Percebi que Mary Ann e eu estávamos vendo da mesma maneira que todos os humanos vêm: estávamos olhando para a frente, e não podíamos ver atrás de nós, a menos que girássemos o corpo. Eu sabia, a partir de experiências anteriores com outras formas de vida, que os extraterrestres algumas vezes podem ver esfericamente, em todas as direções ao mesmo tempo.

— Mary Ann, o que há atrás de você? Não na realidade que você está monitorando, mas sim na realidade mais elevada?

Ela não sabia.

— Eu nunca olhei. Nunca pensei nisso.

Perguntei se eu poderia olhar e ver, e ela não se opôs. Deu-me permissão, e então pedi que ela ficasse parada enquanto eu olhava para trás.

Eu me virei para olhar o que estava atrás dela e o que vi me deixou tão chocado que até mesmo agora, tanto tempo depois, eu me sinto estranho ao relatar a experiência. Mary Ann tinha consciência de que não era humana: atrás dela estava a quarta dimensão e à sua frente havia a terceira dimensão. Sua consciência fazia interface com essas duas dimensões. Até aquele momento eu não sabia que isso era possível.

Descrever essa experiência seria quase impossível para alguém que não tivesse tido um contato com a quarta dimensão. Mas tudo o que posso dizer é que a parte anterior de sua consciência era absolutamente única. Ali estava uma mulher que era mais incomum do que simplesmente uma pessoa cega que podia "ver". Ela definitivamente não era da Terra, isso estava muito claro. Eu estava certo de que, se alguém analisasse uma amostra de seu DNA, encontraria anomalias que certamente apontariam a sua origem como sendo de fora da história biológica do nosso planeta.

Continuei a falar com Mary Ann por mais uns dois meses. Depois que tive a experiência com as telas, ela só queria falar com imagens e símbolos, os quais me pedia para anotar por escrito. Exatamente como a pequena tela no topo direito da tela central, sua comunicação era baseada em imagens de seres vivos mescladas com imagens de formas geométricas. De algum modo eu sempre sabia o que ela estava dizendo, mesmo que a minha mente consciente tivesse dificuldades para compreender.

Então, um dia pareceu que o nosso relacionamento estava completo e nos despedimos um do outro. Lembro-me de ter pensado que essa experiência não se encaixava em nada que eu conhecesse. Por essa razão, eu a arquivei no que chamo de meu arquivo misterioso, que é onde coloco as experiências que esperam por mais informação para permitir que os conhecimentos adquiridos com o tempo possam conectá-las com outras experiências, e, assim, dar-lhes algum sentido. Mas, na verdade, eu não tinha nenhuma expectativa. Apenas juntei essa experiência a outras contidas no meu arquivo misterioso e segui em frente com a minha vida.

As Crianças Paranormais da China

Escrevi sobre esse assunto nos livros *Flor da Vida*, mas acho importante relatá-lo novamente para aqueles que não os leram. Em janeiro de 1985, encontrei um artigo na *Omni Magazine* que falava a respeito de crianças superparanormais na China, que possuíam habilidades extraordinárias. Como se tratava de um artigo da *Omni*, eu me interessei em saber o que diziam.

Aparentemente, o governo chinês havia pedido aos repórteres dessa revista que fossem até lá estudar algumas crianças chinesas com uma paranormalidade muito desenvolvida. Segundo afirmavam, essas crianças podiam ver com partes diferentes do corpo, mesmo estando com os olhos vendados; podiam ver com as orelhas, a ponta do nariz, os cabelos, as axilas, as mãos e os pés, a boca e, algumas vezes, com a língua.

Em 1974 a China encontrou o primeiro garoto que podia "ver" com as orelhas. Quando tinha seus olhos totalmente cobertos, ele "via" virando as orelhas na direção do que queria ver. Então, aos poucos começaram a descobrir outras crianças, a maioria com menos de 14 anos de idade, que também podiam ver com várias partes do corpo.

Obviamente, os editores da *Omni* ficaram intrigados, e em 1984 enviaram uma equipe de pesquisa para a China, com o intuito de estudar essas crianças. O governo chinês então separou um grupo delas para que a equipe de pesquisa as submetesse a alguns testes.

O artigo da *Omni* enfatizava que a equipe conduziu os testes muito cuidadosamente para evitar fraudes, como se o governo chinês estivesse observando secretamente todos os seus movimentos.

Um dos testes realizados consistia em selecionar um livro por acaso, a partir de uma grande pilha. Depois, também ao acaso, um dos membros da equipe rasgava uma de suas páginas e a amassava numa bola antes que alguém pudesse vê-la ou lê-la. Essa página amassada era então colocada na axila de uma das crianças, selecionada também ao acaso, e essa criança tinha que ler o que a página continha. Repetiram o teste diversas vezes, e, em todas as ocasiões, as crianças chinesas conseguiram ler perfeitamente cada palavra escrita nas páginas rasgadas! Como era possível? A equipe de pesquisa da *Omni* não tinha a menor ideia! Tudo o que puderam dizer, após testarem as crianças de várias maneiras, era que o fenômeno definitivamente parecia ser real e não apenas um truque.

Inge Bardor — Vendo com as Mãos e os Pés

No segundo volume de *O Antigo Segredo da Flor da Vida*, eu relatei como Inge Bardor demonstrou sua capacidade de ver com as mãos e os pés durante uma palestra que dei em Denver, no Colorado, em 1999.

Eu havia conhecido essa jovem durante um curso de Meditação do Mer-Ka-Ba que eu ministrava no México. Tratava-se de um seminário de quatro dias, e no terceiro dia eu estava falando sobre as crianças chinesas que podiam ver com diferentes partes do corpo.

De repente, uma moça de uns 18 anos ficou de pé e disse:

— Drunvalo, eu também posso fazer isso. Posso ler com as mãos e os pés, mesmo com os olhos vendados. Você gostaria que eu mostrasse?

Isso foi completamente inesperado, mas é claro que eu queria que ela mostrasse isso a mim e ao grupo de mais ou menos cem pessoas.

Assim, Inge, toda vestida de branco e muito bonita, veio até a área onde eu estava. Em seguida, perguntou se havia algum cético no grupo que não acreditava que ela podia ver mesmo com os olhos completamente vendados, e dois rapazes se levantaram.

Inge pediu que ambos viessem para o palco com ela e dobrassem dois lenços de papel e os colocassem sobre seus próprios olhos de certo modo. Depois, ela enrolou longos xales ao redor da cabeça deles e ambos confirmaram que não podiam ver nada. Os dois rapazes então tiraram os xales e os lenços de papel e os passaram a Inge, que os colocou em si mesma, mantendo os rapazes no palco por tempo suficiente para que pudessem verificar que ela não estava trapaceando. Quando ambos estavam convencidos de que ela não podia ver nenhuma luz, ela começou.

Inge se sentou numa cadeira de espaldar reto com as solas dos pés no chão, e perguntou se alguém na sala tinha uma foto na carteira ou na bolsa que ela pudesse usar. Uma mulher tirou uma foto da bolsa e a deu a ela.

Inge imediatamente virou a foto e a colocou com o lado certo para cima. Passou as pontas dos dedos sobre ela por uns três segundos, e começou a descrevê-la para o grupo como se "visse" o que era mostrado. Era uma foto de uma sala de estar, com quatro pessoas sentadas num sofá. Um grande quadro pendia na parede atrás do sofá, e não havia muito mais. Era uma foto comum, normal.

Inesperadamente Inge perguntou:

— Você quer que eu diga alguma coisa sobre as pessoas ou a casa?

A mulher que havia entregado a foto perguntou sobre as pessoas, e Inge então disse os seus nomes e, se bem me recordo, a idade de cada uma delas. A mulher ficou muito surpresa e perguntou se ela poderia se deslocar pela casa.

— Vou passar pelo corredor à direita. A primeira porta à esquerda é o seu quarto.

Inge entrou no quarto e descreveu perfeitamente o cômodo, dizendo até mesmo o que havia sobre a mesinha de cabeceira. Em seguida, ela "atravessou" a sala até o banheiro e de novo o descreveu perfeitamente. A mulher estava perplexa, e confirmou que tudo estava correto.

Nesse momento, um dos dois rapazes céticos pulou de seu assento e começou a dizer que tudo aquilo era uma farsa, e que ele iria provar. Em seguida, enfiou a mão no bolso de trás da calça e tirou dali sua carteira de motorista, passando-a para Inge virada ao contrário e de cabeça para baixo. Então perguntou:

— O que é isso?

Sem hesitar, Inge pegou a carteira e a desvirou, colocando-a na posição correta.

— Esta é a sua carteira de motorista, o que você quer saber?

O homem disse:

— Leia o número.

E Inge leu o número, o endereço e outras informações básicas da carteira. Mas o rapaz ainda não estava convencido, e disse à Inge:

— Diga-me alguma coisa que somente eu sei e então acreditarei em você.

Com um sorriso, Inge respondeu:

— Você está com a sua namorada aqui, mas tem outra namorada em casa e seu nome é... (Inge disse o nome dela para a plateia) e vem mantendo as duas em segredo, de modo que uma não saiba da outra.

O rapaz arrancou a carteira das mãos de Inge e voltou para a namorada, que ficou perturbada com aquela revelação. Dali em diante ele não abriu mais a boca.

Inge continuou a mostrar suas capacidades até que ficou óbvio que ela era capaz de muito mais do que simplesmente ver o que havia nas fotos em suas mãos. Ela conseguia até mesmo dar os nomes das pessoas que haviam tirado as fotos, e o que estavam vestindo ou pensando no momento em que as tiraram. Todos nós nos perguntamos sobre o que havíamos testemunhado. Aquilo era real, mas como podia ser? O que estava acontecendo?

Inge depois me disse que havia duas escolas perto da Cidade do México dedicadas a ensinar crianças a "ver" com partes diferentes do corpo, além de outras habilidades psíquicas. Ela sabia da existência de pelo menos mil crianças mexicanas que podiam ver e saber dessa maneira especial.

♥ ♥ ♥

Inge e sua mãe, Emma, foram visitar a mim e a minha família no Arizona por alguns dias. Decidimos tentar alguns testes psíquicos, e foi muito bom poder explorar o potencial humano de modo tão direto. Eu e minhas filhas Mia e Marlee, que tinham respectivamente 7 e 8 anos, estávamos testemunhando o que muita gente pensava ser apenas um faz de conta.

Mia observou em silêncio Inge "ver" sem usar os olhos durante algumas horas. Finalmente, ela não pôde mais se conter e disse:

— Eu também quero fazer o que você está fazendo, por favor.

Inge virou-se para ela, olhando-a nos olhos, e respondeu:

— Mia, qualquer um pode fazer isso. Você gostaria mesmo de ver como eu vejo?

Mia começou a pular, cheia de excitação:

— Sim, sim, sim!

Então, Inge tirou sua venda de lenços de papel e cuidadosamente a colocou nos olhos de Mia, ajustando os papéis até que Mia dissesse que não estava vendo nada. Em seguida, folheou algumas revistas por alguns minutos até encontrar uma foto de página inteira de um rinoceronte cruzando um rio azul, que parecia ter sido tirada na África. Inge pôs a foto no colo de Mia e levou suas mãos até ela para que Mia soubesse onde a foto estava. Em seguida, disse a Mia para olhar para a escuridão.

Depois de alguns minutos Inge perguntou à Mia o que ela via, e Mia respondeu:

— Não vejo nada, está tudo preto.

Inge pediu que continuasse olhando. Depois de mais uns cinco minutos, Inge aproximou-se de Mia e colocou os dedos num ponto específico do seu ombro. Mia instantaneamente exclamou:

— Inge, eu consigo ver, é a foto de um "renoteronte" atravessando um rio grande e azul!

Mia não conseguiu falar a palavra corretamente, mas nós sabíamos o que ela estava querendo dizer.

Estava claro que Mia agora conseguia "ver" como Inge. Perguntei a Inge se ela havia tocado Mia num ponto específico do ombro. Ela confirmou, e disse que achava que havia se tornado uma espécie de antena para que Mia pudesse "ver". Na escola onde aprendera a fazer isso, eles a ajudaram a "ver" pela primeira vez da mesma maneira.

Numa outra ocasião, quando Inge e eu estávamos apenas conversando, perguntei a ela como era dentro de sua cabeça quando estava "vendo". Por alguma razão ela hesitou, mas continuei a estimulá-la a falar até que finalmente ela explicou:

— Tudo bem, mas é um pouco estranho e é por isso que eu não gosto de falar a respeito desse assunto. O que vejo é algo parecido como uma tela de TV, com pequenas telas ao redor da tela no centro. As telas pequenas me transmitem informações sobre o que está na tela central.

Essa revelação foi a última coisa que eu esperava que ela dissesse. Atingiu-me como uma pancada na cabeça, e a recordação de Mary Ann novamente inundou os meus pensamentos. Eu sabia exatamente o que Inge estava falando, mas nunca relacionara a tela de TV interna de Mary Ann com as crianças superparanormais. Fiquei sem fala durante alguns minutos.

Isso significava que eu tinha que voltar a analisar tudo o que pensava a respeito daquelas crianças. Seria verdade? Será que todas as crianças superparanormais viam a tela de TV interna? Segundo Inge, pelo menos as mil crianças mexicanas viam.

As Crianças Superparanormais da China

Na época em que trabalhei com Inge Bardor, li sobre as pesquisas de Paul Dong e Thomas E. Rafill, coautores do livro *China's Super Psychics*. Segundo eles, o governo chinês testou mais de cem mil crianças superparanormais que podiam "ver" sem usar os olhos.

O governo chinês tinha criado escolas para receber essas crianças, e dava-lhes um treinamento especial. Na realidade, eles estavam tanto ensinando quanto estudando as crianças, para compreender o grande mistério que se desdobrava diante de seus olhos.

Paul Dong relata que essas crianças estavam realizando feitos inacreditáveis de capacidade psíquica, enquanto os cientistas do governo controlavam e estudavam cada experimento para garantir que não havia fraude.

Eis um exemplo de um desses experimentos: uma mesa vazia era instalada numa área aberta, com câmeras de vídeo prontas para gravar o experimento, realizado na presença de cientistas treinados, que monitoravam todo e qualquer movimento. Um dos cientistas colocava um frasco de vitaminas fechado e lacrado, no centro da mesa, e uma moeda ou algo do mesmo tamanho, talvez uma pedrinha, ao lado do frasco. Uma criança pequena então se aproximava da mesa, mas sem chegar muito perto para garantir que não tocaria em nada. A criança então usava suas capacidades psíquicas para fazer os comprimidos passarem através do frasco de vidro e aparecerem sobre o tampo da mesa. Então o outro objeto, a moeda ou a pedra, flutuava até o frasco vazio, ainda fechado e lacrado, atravessava o vidro e aparecia no seu interior. Esse feito aparentemente não era tão difícil, visto que mais de cinco mil crianças chinesas eram capazes de realizá-lo sob o escrutínio do governo.

Uma menina chinesa de 6 anos de idade fez uma demonstração incomum de sua capacidade psíquica, para milhares de pessoas numa plateia. Antes de entrar no teatro, cada pessoa recebeu um botão de rosa, com caule e folhas. Então a criancinha entrou no palco, acenou com as mãos para a plateia, e todos os botões de rosa no teatro desabrocharam completamente em poucos minutos. Se esse foi um truque, foi mesmo dos bons.

Ocorreram muitos tipos diferentes de demonstrações da capacidade dessas crianças, mas o ponto em comum era muito fácil de ver: algo extraordinário estava acontecendo na China e no México. Agora eu tinha que descobrir se esse era um fenômeno planetário ou se estava restrito a esses dois países.

♥ ♥ ♥

Como Mary Ann e Inge usavam a mesma tela interior para ver, eu tive que perguntar a Paul Dong, que havia estudado essas crianças extensivamente, se o mesmo acontecia com as crianças superparanormais na China. (Desde 1985 são realizadas amplas pesquisas nesse país sobre a ideia de consciências mais elevadas e fenômenos psíquicos em crianças, cujos resultados foram publicados em revistas e publicações científicas de prestígio como o *Nature Journal* e muitas outras. Esse assunto tem sido bem pesquisado e documentado.)

Telefonei para Paul na Califórnia, onde ele morava. Falamos por cerca de duas horas e, no fim da conversa, perguntei sobre a questão que eu estava ansioso por descobrir:

— Paul, o que as crianças chinesas superparanormais veem quando estão de olhos fechados? O que elas veem mentalmente?

Paul começou a agir como Inge quando eu fiz a mesma pergunta, dizendo que era um pouco estranho e mudando de assunto. Por fim, após pelo menos dez minutos de insistência, Paul se aventurou a dizer:

— Drunvalo, eu nunca vi o que elas veem, mas as crianças me disseram que veem uma espécie de tela de TV pela qual as imagens chegam até elas.

Imediatamente perguntei se havia telas menores ao redor da borda externa da tela central. Paul disse que nada sabia sobre isso, pois as crianças nunca haviam dito isso a ele.

Dessa maneira eu soube que as crianças psíquicas chinesas também viam algum tipo de tela de TV, mas não estava certo se era a mesma. Sim, isso era muito interessante. Talvez aquilo que eu tinha descoberto por acaso fosse realmente um fenômeno universal, e eu estava agora mais determinado ainda a encontrar a verdade.

A Academia Internacional de Desenvolvimento Humano Perto de Moscou

Kostya Kovalenko, um dos repórteres e escritores russos da revista virtual de cunho espiritualista *The Spirit of Ma'at*, tinha lido um dos meus artigos sobre as crianças superparanormais e a tela de TV interior, e me informou que havia uma escola perto de Moscou onde as crianças eram ensinadas a ver a tela interior e a ir mais além. A escola estava fazendo afirmações muito veementes que, se verdadeiras, acabariam por mudar o mundo para sempre.

As crianças dessa escola podiam não somente ver a tela interior e enxergar sem usar os olhos, como ver um livro inteiro nessa tela, ao segurá-lo por alguns minutos. Uma vez na tela, as crianças podiam percorrer as suas páginas como num computador, e ler e ver todo o texto e as fotografias contidos no livro original. Além disso, elas conseguiam apreender imediatamente o conteúdo de todo o livro.

O homem que fundou e administra essa escola, chamada de Academia Internacional de Desenvolvimento Humano, é Vyacheslav Bronnikov. A fama e as realizações dessa escola obviamente chegaram a Washington, visto que Hillary Clinton, durante a administração de seu marido, viajou para Moscou principalmente para visitá-la. Será que ela aprendeu alguma coisa? Talvez tenha sido por isso que se tornou senadora de Nova York!

Durante os meses seguintes, Kostya me falou de duas outras escolas na Rússia que ensinavam uma habilidade semelhante, mas usando métodos diferentes. Foi então que comecei a perceber que estava me envolvendo com algo muito maior do que eu pensara.

Em 1999, eu mesmo fui a Moscou e fui levado ao Kremlin para fazer uma palestra sobre a Academia Russa de Ciências de Moscou a respeito do corpo de luz humano, o Mer-Ka-Ba. Enquanto estive lá perguntei sobre as crianças superparanormais, e membros da Academia admitiram haver milhares dessas crianças na Rússia, entre elas algumas que já eram adultas e beiravam os 30 anos de idade. O governo russo tem conhecimento dos superparanormais há tanto tempo quanto o governo chinês, ou seja, desde o princípio dos anos 70. Que despertar! E o meu primeiro pensamento foi o de que Mary Ann não passava de um produto do acaso.

Jimmy Twyman e as Crianças Superparanormais da Bulgária

A maioria das pessoas conhece James Twyman, muitas vezes chamado de o Trovador da Paz, pois ele tem viajado pelo mundo cantando canções de paz. Várias vezes, quando Jimmy canta suas canções, têm início importantes movimentos entre governos para a busca da paz. Eu conheci James Twyman quando ele veio à minha casa em companhia de Gregg Braden, um velho amigo, cerca de dois anos atrás. Nós conversamos sobre as crianças superparanormais, mas naquela época Jimmy não tinha conhecimento ou experiência com essas crianças. E o tempo passou.

Então, num único dia, Jimmy foi "catapultado" para a vida das crianças superparanormais. Ele estava dando uma palestra para um pequeno grupo de pessoas na casa de alguém, e inicialmente somente adultos estavam presentes. Porém, pouco depois de Jimmy ter começado a falar, um garoto de uns 12 anos de idade apareceu na sala e se sentou na frente, próximo a Jimmy. O garoto atraiu tanto a sua atenção que, após um momento, Jimmy se viu falando diretamente ele. Depois, os dois iniciaram uma conversa, durante a qual Marcos, o garoto, fez alguma coisa em Jimmy que o fez ver a tela interior. Jimmy nunca havia visto nada como aquilo antes, mas se lembrou do que eu lhe dissera e me telefonou mais tarde naquela noite para discutir esse fato extraordinário.

Esse início modesto levou Jimmy a uma aventura maravilhosa, que ele descreve em seu livro *Emissary of Love*. Ele relata sobre sua viagem para a Bulgária, a terra de Marcos, onde acabou encontrando um monastério no alto das montanhas no qual os monges treinavam crianças a ver a tela interior e a enxergar com diferentes partes do corpo.

Essas crianças búlgaras agora conversam telepaticamente com Jimmy sobre como o mundo pode encontrar a paz. A sua mensagem principal é que a paz vive dentro de cada um de nós e que, na realidade, nós somos emissários do amor. E, a partir desse entendimento, elas nos fazem uma pergunta: "Se nos vemos como emissários do amor, então como viver a vida a partir dessa verdade?" E elas nos dizem: "Comecem já".

Aos poucos foi ficando claro para mim que, de algum modo, enxergar na escuridão era um fato, embora eu ainda não o entendesse realmente como isso podia acontecer. Eu estava descobrindo que podemos ver com luz, usando nossos olhos e a nossa mente, ou podemos ver com outras partes do corpo, por meio da escuridão. Estava descobrindo que podemos ver e conhecer muito além da superfície das coisas. Aonde isso levaria, eu realmente não sabia, mas sempre confiei no Grande Espírito e sempre soube que tudo é íntegro, completo e perfeito exatamente como é. Eu sabia que eu só tinha que manter a minha percepção aberta, e a verdade se revelaria por si mesma.

Capítulo Três

Aprendendo com as Tribos Nativas

Anciãos Aborígines Compartilham sua Energia

O Poder de uma Oração Maori Vinda do Coração

A Experiência com os Kogis

A Mulher Colombiana

Tornando-me Uno com os Cavalos

Levando Outra Pessoa ao Espaço Sagrado

Enquanto todas essas experiências com crianças superparanormais aconteciam na minha vida, outra linha de pesquisa relacionada ao assunto já permeava os meus estudos sobre a capacidade de ver na escuridão. Era uma linha sutil, mas de importância fundamental para o conhecimento de onde tudo isso estava conduzindo — o lugar secreto e escondido no coração, que gerava as inacreditáveis imagens que as crianças estavam vendo e lhes transmitia os seus conhecimentos.

Aos poucos, tribos nativas de todo o mundo foram chegando com outra peça do grande mistério, levando-me a me lembrar de algo muito antigo a respeito do meu próprio espírito. Membros de muitas tribos me disseram que tinham esperança de que, por meu intermédio, mudanças começariam a ocorrer no mundo tecnológico, conduzindo à paz mundial e ao equilíbrio ecológico.

Anciãos Aborígines Compartilham sua Energia

Em meados dos anos 90, fui convidado a fazer uma palestra na Conferência Golfinho & Baleia, que se realizaria na Austrália. Cheguei a Queensland e imergi na beleza dessa terra, berço da Grande Barreira de Recifes, que tem mais de mil e seiscentos quilômetros de extensão. Que lugar fantástico para se conhecer!

Centenas de pessoas de todo o mundo se reuniram lá para discutir sobre golfinhos e baleias, mas também para falar sobre assuntos correlatos, como o meio ambiente mundial. (Obviamente, os golfinhos, as baleias e as demais criaturas vivas não sobreviverão a menos que nós, seres humanos, mudemos a maneira de como estamos vivendo.)

Naquela época eu estava realizando experiências com o R-2, e havia finalmente descoberto que uma única pessoa, conectada com a Mãe Terra, podia mudar o ambiente usando o seu corpo de luz, o Mer-Ka-Ba. Estava bastante animado com esse conceito e, sabendo quem era a minha audiência, quando chegou a minha vez de ir para o palco, falei a respeito desse tema de um ponto de vista muito pessoal. Enfatizei que nossos pensamentos e emoções podem criar o mundo ao nosso redor e que, quando se está conectado com a Mãe Terra dentro do coração, todas as coisas são possíveis — até mesmo limpar o meio ambiente usando somente o corpo de luz humano.

Ao final de minha exposição, eu saí do palco, fui para o fundo da sala e esperei para ouvir o próximo conferencista. Entretanto, fui interceptado por um grupo de cinco ou seis anciãos aborígines, que acenaram para que eu me aproximasse do seu círculo, o que fiz sem pensar duas vezes.

Esses velhos senhores me cercaram e me disseram que eu tinha sido o primeiro homem branco que eles ouviram falar a verdade da maneira como eles a conheciam. Contaram-me como a Mãe Terra sempre proveu tudo de que necessitavam sem que tivessem que despender muito esforço, que o mundo era apenas luz e que a consciência humana era mais do que os brancos normalmente conseguem entender. (Eles nos consideram uma mutação de sua consciência, apenas bebês ainda aprendendo sobre o mundo exterior.) Os anciãos disseram que, se eu concordasse, eles iriam me dar seu apoio enquanto eu estivesse na Austrália. Realmente não compreendi o que quiseram dizer com "dar seu apoio", mas obviamente concordei — afinal, eles de fato são os anciãos da nossa espécie.

Depois disso eu decidi dar palestras em outras cidades australianas, como Brisbane, Melbourne e Sydney, e cada vez que começava a falar e olhava para a plateia, lá estavam esses velhos sentados no fundo da sala, formando um círculo, entoando um cântico suave. Algumas de minhas audiências tinham bem mais de mil pessoas, mas a energia que vinha desses homens era tão forte, que eu podia senti-los quase pulsando na sala. Não sei como me encontravam nem como viajavam por essas grandes distâncias, já que não possuíam carros, mas estavam sempre presentes.

Disseram-me uma última coisa antes que eu deixasse seu círculo, na Conferência Golfinho & Baleia: "Lembre-se da escuridão e do coração quando você criar". Naquela época isso não teve qualquer significado para mim.

O Poder de uma Oração Maori Vinda do Coração

Logo depois que voltei da Austrália, Macki Ruka, o líder espiritual dos waitaha maoris, o povo nativo da Nova Zelândia, pediu a minha permissão para vir até a minha casa nos Estados Unidos e falar comigo. Macki Ruka fez esse pedido por meio de Mary Thunder, uma anciã nativa norte-americana que me telefonou e o levou de carro até onde moro. Era uma situação bastante interessante, visto que eu ainda não havia tido contato com esse povo. Porém, eu não poderia recusar a sua visita, mesmo não sabendo por que ele queria falar comigo. E, assim, Mary Thunder trouxe Macki Ruka à minha casa, junto com vários de seus assistentes. Mary é uma maravilhosa anciã da tribo Cheyenne, e nós ficamos amigos desde então.

Macki Ruka era um homem impressionante; pesava cerca de cento e sessenta quilos. Ele trouxe consigo vários rapazes de sua tribo para carregarem os itens cerimoniais sagrados que julgou necessários durante a sua visita. Alguns daqueles itens pesavam mais de quarenta e cinco quilos! Não me lembro exatamente o que eram, exceto que pesavam muito e que algumas vezes era preciso mais de uma pessoa para carregá-los. Todos aqueles itens foram colocados ao nosso redor, quando começamos a conversar.

Nossa conversa logo se tornou um debate sobre a sobrevivência do planeta e sobre como nós, membros da civilização moderna, precisávamos nos lembrar da antiga sabedoria para sobreviver. Ele disse claramente que havia formas de comunicação que, se lembradas, mudariam tudo no mundo e, por alguma razão, estava claro que essa era a sua mensagem principal. Falamos por cerca de quatro horas sobre vários assuntos, mas, antes de ir embora, ele disse que enviaria um membro de sua tribo até mim, e que eu esperasse por essa pessoa. Também não compreendi por que ele estava fazendo aquilo, mas concordei.

♥ ♥ ♥

Alguns anos depois, eu estava morando com a minha família no Arizona. Estávamos nos mudando de Sedona para Cave Creek, e eu suava para transportar todas as caixas da mudança, numa picape alugada para a ocasião. (Você não acreditaria se visse quanta coisa eu adquiri depois que me casei.)

Enquanto eu ia e vinha com dificuldade e lentidão de nossa casa para a picape carregando nossas coisas, um rapaz que eu nunca tinha visto antes se aproximou.

— Olá — disse ele. — Você precisa de ajuda para carregar a picape?

Ele tinha uns 28 anos e falava com um perfeito sotaque californiano. Vestia um jeans velho e uma camiseta branca muito limpa, e exibia um grande sorriso. De fato, ele bem poderia ter sido um de meus vizinhos quando morei na Califórnia nos meus tempos de criança e adolescência. Eu respondi:

— Não, está tudo bem. Não sobrou muita coisa para carregar.

Na realidade eu precisava de ajuda, mas não queria abusar da cordialidade dele. Ele me olhou diretamente nos olhos e, com um olhar sincero, gentilmente insistiu:

— Sério, não tenho nada para fazer e teria o maior prazer em ajudar você.

Como eu poderia recusar?

Então, começamos a trabalhar. Ele não falava muito; parecia estar simplesmente focado no trabalho e em fazê-lo. E assim, quase em silêncio, trabalhamos juntos. Quando a picape estava completamente carregada, eu lhe agradeci e perguntei se havia alguma coisa que eu pudesse fazer por ele. Ele respondeu:

— Não, mas eu gostaria de ajudá-lo a descarregar a picape em sua nova casa. Pode ser?

Eu não podia acreditar em tanta generosidade.

— Não, isso seria pedir demais. Mas muito obrigado por tudo o que você fez.

E ele de novo olhou em meus olhos e disse:

— Por favor, deixe-me ajudá-lo. Você precisa da minha ajuda e não tenho absolutamente nada pra fazer. Sério, por mim tudo bem.

De algum modo comecei a sentir que o conhecia de algum lugar. Ele parecia um irmão do coração, e acabei me rendendo à sua insistência.

— Tudo bem, suba no carro. Mas você é maluco.

Foi uma viagem de duas horas e meia até a nossa casa nova, de modo que eu tive bastante tempo para lhe perguntar muitas coisas. Enquanto me ajudava a carregar a picape ele não tinha dito quase nada a seu respeito, mas agora estava preso na velha picape alugada e teria que conversar.

Estávamos quase fora de Sedona quando perguntei de onde ele era. Esperava que dissesse "Califórnia", mas em vez disso ele falou, sem mais explicações:

— Da Nova Zelândia.

Olhei para ele, surpreso.

— Pensei que você fosse da Califórnia. Você morou lá algum tempo?

Sem me olhar, ele respondeu:

— Não, essa é a primeira vez que venho aos Estados Unidos. Cheguei há mais ou menos duas semanas.

Imediatamente me virei para ele e perguntei:

— E onde você aprendeu a falar inglês com esse perfeito sotaque californiano?

Sua resposta me sacudiu até os ossos.

— Ah, aprendi há apenas três semanas. Minha tribo me ensinou. — Minha curiosidade se transformou em percepção.

— O quê? Você aprendeu a falar um inglês perfeito em menos de um mês?

— É, foi fácil.

Então, antes que eu pudesse me recompor dessa declaração inacreditável, ele disse:

— Lembra-se de Macki Ruka? Ele me enviou até você.

Eu havia me esquecido quase completamente da promessa de Macki Ruka de me enviar alguém, de modo que isso me pegou de surpresa. Nem consegui dizer "Você está brincando". E teria sido ridículo se eu tivesse dito, pois ninguém me diria que foi enviado por Macki Ruka se não fosse verdade. Ninguém sabia disso, além de mim.

Instantaneamente percebi que estava em meio a uma experiência espiritual, e a energia em meu corpo mudou. Virei-me para ele e perguntei:

— Como você me encontrou?

Sua resposta foi óbvia.

— Fácil, apenas segui meu coração.

Depois de uma pausa, ele continuou:

— Na verdade, primeiro eu tive que procurar os hopis. Recebi instruções de que a minha tribo e os hopis iriam trocar profecias, e elegeram-me para ir até eles. Depois, mandaram-me encontrá-lo. Então, fui diretamente aos hopis. Posso contar o que aconteceu lá?

Como se eu fosse detê-lo! Contou-me então uma história em que poucos acreditariam, mas, eu posso afirmar que foi exatamente isso o que ele disse.

Ajeitou-se ao assento da velha picape e virou-se para mim.

— Cheguei a Third Mesa tarde da noite. Mas eles (os hopis) de algum modo sabiam que eu estava chegando e prepararam um lugar para eu ficar. No dia seguinte, levaram-me para um dos seus kivas (espécie de cabana fechada, própria para cerimônias e meditação) e mantiveram-me lá por três dias e três noites. Ficamos na mais completa escuridão.

— Para fazer pedidos simples, eles falavam em espanhol, língua que eu também falo, mas, principalmente, conversavam comigo usando visões e imagens, revelando suas profecias. Retribuí, relatando a eles as nossas verdades a respeito do que o futuro trará. Então, na terceira noite, deram-me um velho pote de barro e perguntaram o que eu sentia a respeito dele.

— No início aquele pote nada significou para mim. Entretanto, depois de segurá-lo por algumas horas, fui tomado por uma onda de conhecimento, seguida de uma tremenda visão. Pude ver que eu fui um hopi centenas de anos atrás, e que aquele pote tinha sido feito por mim. Também recordei que eu havia colocado uma imagem dentro dele, para que eu mesmo pudesse me lembrar centenas de anos no futuro.

— Nessa visão eu me lembrei de tudo a respeito de mim mesmo e da minha vida com os hopis, e essa lembrança foi uma experiência realmente gratificante e maravilhosa. Também me lembrei, instantaneamente, de como falar a língua hopi, e a partir daquele momento só nos comunicamos nessa língua. Isso aconteceu três dias atrás.

O que se pode dizer de uma coisa como essa? Após uma pausa, perguntei:

— Você poderia me dizer algo sobre as profecias?

Ele olhou para mim como se realmente quisesse dizer, mas respondeu:

— Sinto muito, mas não tenho permissão para falar das profecias com ninguém.

E daí a conversa passou para as experiências cotidianas que ele tivera desde a sua chegada nos Estados Unidos, que ele considerava ser um lugar incomum para se viver. Achava que nós havíamos nos afastado demais da natureza e da realidade, e considerava a TV uma "masturbação mental".

Logo chegamos ao nosso destino e paramos a picape na entrada de nossa nova casa. Como da vez anterior, ele pouco falou, mas trabalhou pesado descarregando a mudança. Quando terminamos, pediu permissão para realizar uma cerimônia em nossa nova terra antes de retornarmos a Sedona. Com o tempo, essa cerimônia acabou se tornando uma grande lição do poder da oração, especialmente quando ela vem do coração.

O terreno que havíamos comprado tinha a forma de um pentágono quase perfeito. Meu amigo maori perguntou se poderia orar em cada um dos cinco vértices, e eu certamente dei permissão. Fomos juntos a cada um dos cinco pontos, e ele rezou com profunda reverência:

— Amado Criador, por favor, ouça minha oração para o meu amigo Drunvalo.

E continuou, pedindo que todos os animais encontrassem refúgio nessa terra; que todos que vivessem nela fossem saudáveis, felizes e nunca se ferissem; e, finalmente, que ninguém pudesse tirar essa terra de mim. Havia mais em suas palavras, mas essa foi a parte essencial.

Logo depois retornamos para Sedona, onde ele me deu um grande abraço, olhou em meus olhos uma última vez e foi embora. Nunca mais o vi novamente.

Quando nos mudamos para a nossa nova casa, eu e minha esposa percebemos que os animais vinham dormir no nosso terreno. Tínhamos somente uns quatro mil metros quadrados, e mais ou menos a metade dessa área estava murada para acomodar a casa. Entretanto, mesmo com o pequeno espaço existente, animais que normalmente mantêm distância entre si, como veados, javelinas (pequenos porcos selvagens) e coiotes, dormiam próximos uns dos outros. Os coiotes normalmente dormem em tocas subterrâneas, mas não ali, onde dormiam separados por apenas alguns metros. Nós rimos muitas vezes com a oração maori, que nos trouxe tantas espécies diferentes de animais. E mesmo havendo um grande número de escorpiões, cascavéis e lagartos venenosos nas nossas terras, ninguém nunca foi ferido, picado ou mordido.

Depois de mais ou menos três anos e meio, decidimos nos mudar para outro local. Nossa casa estava localizada numa área muito procurada, e o corretor que contratamos estava bastante confiante de que seria rapidamente vendida, provavelmente em três semanas e, com certeza, dentro de trinta dias. Porém, depois de quase um ano, e centenas de visitas de compradores em potencial, ainda não tínhamos vendido nossa linda casa. Não sabíamos o que fazer.

Uma noite Claudette acordou de um sonho e disse:

— Drunvalo, lembra-se do que o maori falou, que ninguém tomaria a nossa propriedade? Precisamos quebrar essa oração ou nossa casa nunca será vendida.

No dia seguinte, fomos até cada um dos cinco vértices do terreno e rezamos para mudar as palavras do maori. Cinco dias depois conseguimos vender a nossa casa.

A Experiência com os Kogis

Foi com os kogis que as minhas experiências com tribos nativas começaram a ficar mais intensas e deixaram de ser apenas lições sobre espiritualidade e potencial humano. O que eles me ensinaram e mostraram iluminou a ideia espiritual de ser capaz de enxergar na escuridão. Sem o auxílio deles, talvez eu nunca encontrasse esse espaço dentro do coração. Por sua amorosa ajuda, estarei em débito com eles para sempre.

Eu tinha acabado de encerrar um seminário Terra/Céu em Maryland, quando um rapaz branco se aproximou e disse que havia sido enviado pelos maias da Guatemala para me transmitir uma mensagem da tribo kogi, das montanhas da Serra Nevada, na Colômbia. Escutei o que ele tinha a dizer, embora nunca tivesse ouvido falar daquela tribo.

Uma aldeia kogi

Ele explicou que os kogis foram uma das poucas tribos que escaparam da Inquisição Espanhola, sobretudo porque se mudaram para as grandes altitudes da Serra Nevada de Santa Marta. Lá, eles ficaram inacessíveis, e assim conseguiram manter parte de sua cultura original e suas crenças religiosas. Mesmo nos dias de hoje, os kogis vivem quase da mesma forma que viviam há mil anos.

Em sua tribo há um grupo chamado os mamos (ou os mamas), que na visão dos kogis não são realmente humanos, mas sim parte da consciência da Terra que mantém o equilíbrio do sistema ecológico do planeta. Os kogis acreditam que, sem os mamos, a Terra morreria.

Os mamos também são os líderes religiosos da tribo kogi, sendo respeitados da mesma forma que Jesus é pelos cristãos e Maomé pelos muçulmanos. Segundo o rapaz que estava me contando essa história, os mamos são capazes de enxergar na mais completa escuridão, e cuidam do mundo com a sua visão interior e sua íntima conexão com a Mãe Terra, a quem chamam Aluna.

Os kogis

O mais interessante é que, quando a tribo kogi identifica um bebê que é ou será um mamo, seus membros o levam para um local incomum, onde ele receberá um treinamento e criação especiais. No passado, esse local era uma caverna completamente escura, mas hoje o bebê é levado para uma edificação especial, toda feita com materiais naturais e onde a luz não pode entrar. Em quase completa escuridão, esse bebê especial é alimentado somente com alimentos brancos enquanto cresce, e recebe iluminação suficiente apenas para não ficar cego. O bebê também recebe um treinamento espiritual bastante incomum. Ele tem que permanecer na mais completa escuridão durante nove anos, aprendendo a ver sem usar os olhos, exatamente como as crianças superparanormais que estão surgindo em todo o mundo. Aos 9 anos de idade, a criança é trazida para a luz, para aprender a ver com os olhos. Que experiência deve ser essa! Imagine como deve ser poder ver esse planeta incrível pela primeira vez apenas quando se tem 9 anos de idade!

O rapaz que me contava a história dos kogis e dos mamos começou então a falar sobre outro assunto, que era o motivo pelo qual tinha sido enviado a mim. Disse que os mamos kogis não eram somente capazes de ver qualquer lugar do planeta, mas também ver o futuro, tal como os hopis, os maoris e muitas outras tribos nativas em todo o mundo, e que nunca haviam errado em suas previsões em toda a sua história.

Segundo os mamos kogis, no último eclipse solar do século XX, em 11 de agosto de 1999, todos os povos tecnoculturais do mundo deveriam ter ido para outra dimensão de consciência da Terra, deixando o planeta físico como uma herança para os povos nativos e naturais do mundo. (Isso lembra as palavras da Bíblia, de que os "humildes herdarão a terra". Essa previsão é bastante semelhante ao que disse Edgar Cayce, o "profeta adormecido", quando afirmou que no inverno de 1998 os polos da Terra se inverteriam e uma enorme mudança ocorreria no planeta. Muitas pessoas da Nova Era pensaram que isso significava que a maior parte da consciência do mundo ascenderia para a quarta dimensão.)

O rapaz se aproximou mais de mim, como que para enfatizar o que ia me dizer. Baixou a voz e sussurrou:

— Em 12 de agosto de 1999 os mamos kogis viram que nós, a tecnocultura, ainda estávamos na Terra. Então, entraram em profunda meditação para ver por que isso tinha acontecido, visto que aquela era a primeira vez, em sua longa história, que uma de suas previsões não se tornara realidade.

Segundo ele, lá, na escuridão, os mamos kogis puderam ver luzes em toda a superfície do planeta, luzes que não existiam quando fizeram sua previsão. Investigando essas luzes, os mamos kogis descobriram que elas eram emitidas pelas pessoas que tinham tomado consciência dos seus corpos de luz, os quais, em tempos remotos, eram chamados de Mer-Ka-Bas. Os mamos acreditavam que essas pessoas, com seus corpos de luz, haviam mudado o curso da história.

Como professor da ciência do Mer-Ka-Ba eu sei que, depois que nos lembramos de nosso corpo de luz, e com certo treinamento, podemos alterar o mundo exterior com o que nós pensamos e sentimos. De acordo com os mamos kogis, alguns de nós alteraram tanto o mundo exterior que uma nova realidade foi criada. Essa foi uma coisa que os mamos kogis não tinham antecipado em suas previsões porque ela se originou no futuro, e não no passado. E é claro, se for verdade, isso certamente começa a revelar um nível mais profundo do potencial humano. (Como se vê, os mamos kogis não levaram em conta que nós soubéssemos usar essa capacidade dentro de nós.)

Eis aqui uma informação importante. A Força Aérea dos Estados Unidos entrou em contato comigo enquanto eu estava trabalhando com a limpeza da poluição do ar, primeiro com o R-2, e depois usando o meu Mer-Ka-Ba, e em conversas pessoais revelou algo bastante interessante. Muitos dos meus alunos disseram — e eu mesmo constatei — que, no momento em que ativaram seu Mer-Ka-Ba pela primeira vez, alguns deles se viram cercados por helicópteros pretos. E que muitas vezes os helicópteros simplesmente não iam embora, os seguiam por onde quer que fossem e ficavam com eles por semanas ou até meses. Um major da Força Aérea me disse que, quando o disco do Mer-Ka-Ba se expande, uma pessoa em seu campo Mer-Ka-Ba emite mais ou menos a mesma energia, na forma de um pulso magnético, que uma cidade com cerca de quinze mil habitantes; informou também que seus satélites podiam ver o corpo de luz de uma pessoa, e mostrar sua imagem nas telas dos computadores da Força Aérea. Por muitos anos isso causou uma enorme preocupação entre os militares, mas agora eles compreendem que esse fenômeno é parte da nova consciência que está se desdobrando na Terra, na nossa época. Portanto, se a Força Aérea pode "ver" o Mer-Ka-Ba, por que os mamos kogis não poderiam?

O rapaz me olhou inocentemente e disse:

— Os mamos kogis querem agradecê-lo por ensinar o Mer-Ka-Ba, e por ter mudado o mundo com esse processo.

Em seguida, ele me entregou um pequeno pacote com tabaco envolto num pano de algodão de cor vermelha brilhante, dizendo que era um presente enviado pelos mamos kogis, que assim mostravam a sua gratidão. Eu não estava preparado para essa cerimônia inesperada. Então, olhei em volta, tirei uma rosa vermelha de um arranjo floral que havia ali perto e a dei a ele, para que a entregasse aos mamos. E isso foi tudo.

Depois que ele havia ido embora, fiquei pensando sobre essa experiência por um tempo. Porém, logo esqueci os kogis e meus pensamentos voltaram ao mundo familiar de minha vida. Nunca pensei que um dia fossem me procurar novamente.

Alguns meses se passaram e, depois de outro seminário, esse mesmo rapaz me procurou, trazendo novamente uma mensagem dos mamos kogis. Disse que eles queriam me encontrar e ensinar uma "linguagem que não tinha palavras". Comentou que seria bastante incomum para eles viajar para os Estados Unidos, já que somente três deles haviam saído da Colômbia em toda a vida. Entretanto, se eu pedisse, eles encontrariam um meio de vir, mas deixou claro que eles realmente preferiam que eu fosse a Serra Nevada de Santa Marta e os encontrasse lá.

Pensei sobre essa mensagem por um tempo, e então entrei em meditação profunda para pedir permissão aos meus dois anjos para embarcar nessa nova aventura. Ambos me fitaram e imediatamente deram-me permissão para que eu seguisse em frente com essa experiência, o que quer que ela viesse a ser. Abri os olhos e disse:

— Sim, vou prosseguir com isso.

Eu tinha a opção de ir para as montanhas da Colômbia, ou esperar que os mamos me encontrassem. Sabendo que a minha agenda estava confirmada e extremamente apertada para o ano seguinte, perguntei ao rapaz se eles poderiam vir até mim. Sem hesitar o rapaz respondeu:

— Transmitirei a mensagem a eles — e saiu sem dizer mais nada.

Enquanto voava de volta para casa, finalmente tive um pouco de tempo para pensar no assunto. Embora eu não soubesse como os mamos kogis iriam me encontrar, tinha a certeza de que conseguiriam. Eu já havia visto pessoalmente povos nativos interagirem nesse mundo ordinário de maneira que a maioria das pessoas acharia difícil de acreditar. Aqui está um exemplo:

O povo de Pueblo Taos, no Novo México, tinha me pedido para participar de uma cerimônia para ajudar a curar a dor entre o homem branco e o indígena. A cerimônia seria realizada dentro daquele Pueblo pelos seguidores do culto peyote, a Igreja dos Nativos Americanos, e devia começar no nascer do Sol de certo dia.

Nesse dia, o Sol estava quase nascendo no horizonte, quando três xamãs da tribo indígena huichol chegaram ao nosso círculo cerimonial, pedindo permissão para participar. Estavam completamente vestidos com trajes cerimoniais, com penas nos cabelos e tinta nos rostos e corpos.

Jimmy Reyna, um nativo do Pueblo Taos que liderava a cerimônia, perguntou-lhes como ficara sabendo daquele evento, porque tinham instruído os participantes para que nada dissessem a respeito. Os xamãs huichol responderam que estavam numa cerimônia peyote no México, quando tiveram a visão desse encontro. Como seus líderes determinaram que viessem, esses três homens vestiram-se com trajes apropriados para a ocasião e vieram a pé até Pueblo Taos.

Isso é realmente impressionante, pois esses índios vivem no México a quase 500 quilômetros da fronteira com os Estados Unidos e, uma vez em território americano, tiveram que andar mais 500 quilômetros, aproximadamente, até chegarem a Pueblo Taos. Andaram quase mil quilômetros, e ninguém os parou. Cruzaram o Rio Grande, percorreram rodovias, atravessaram cercas de arame farpado, e chegaram somente cinco minutos antes de começarmos a cerimônia, tudo isso em trajes cerimoniais completos. A vida e o potencial humano são muito maiores do que a maioria das pessoas aceita.

E, assim, esperei que os mamos kogis entrassem em contato comigo de algum modo, embora não pudesse imaginar como isso aconteceria.

A Mulher Colombiana

Dois ou três meses depois, eu estava em Cuernavaca, que não é muito distante da Cidade do México, fazendo outro seminário Terra/Céu. Pouco mais de cem pessoas estavam presentes, e mais ou menos vinte delas eram da Colômbia.

Um desses colombianos era uma mulher com seus quarenta e poucos anos, que se parecia com qualquer outra mulher moderna até que o nosso grupo começou a realizar uma cerimônia que consistia numa dança ou cântico "real", ou seja, algo que tornava as pessoas cientes da presença de Deus. Naquele exato instante a personalidade dessa mulher mudou completamente. Ela se tornou desinibida e primitiva, e dançava com os movimentos, o abandono e a intensidade típicos de alguém que se entregara totalmente ao cântico e à música — nada que se esperasse de uma mulher moderna.

Foi lindo poder observá-la, mas os outros colombianos ficaram embaraçados com a atitude dela. Como a mulher continuasse com os seus "maneirismos incomuns" em todos os dias de nosso seminário de quatro dias, as outras pessoas do grupo dela foram ficando cada vez mais impacientes.

No terceiro dia, o grupo estava de mãos dadas formando um grande círculo e entoando certos sons para elevar a percepção. Assumindo sua outra personalidade, a mulher quebrou o círculo e foi para o centro, dançando de modo selvagem ao som do cântico. Depois de uns quinze minutos, os colombianos não puderam suportar mais e me acenaram para que eu a parasse. Eu realmente não queria fazer isso, porque seus movimentos me pareciam realmente lindos. Entretanto, por respeito aos outros, fui até o centro do círculo para trazê-la de volta ao grupo.

Quando me aproximei, ela estava de costas para mim. Toquei levemente seus ombros, e ela se virou e me encarou. Olhou através dos meus olhos até a minha alma, e o seu corpo emitiu um som estranho que pareceu circundar meu corpo. Instantaneamente eu não estava mais numa sala em Cuernavaca. Estava num local estranho, com palhoças e pessoas em pé vestindo roupas brancas e olhando para mim. Era tão real quanto a própria realidade. Até um cachorro passou correndo.

Eu não estava mais em meu próprio corpo, mas sim num corpo de mulher, observando as coisas ao redor. Um sentimento estranho e desconhecido, que pareceu quase sexual, embora não fosse, irrompeu em mim. Digamos apenas que realmente foi muito bom. E então, quando eu estava quase aceitando a minha nova realidade, de novo encontrei-me em Cuernavaca, olhando nos olhos dessa mulher muito estranha. Nunca havia tido uma experiência como essa antes, e posso dizer que já tive algumas bastante incomuns.

Nesse momento, tudo o que eu sabia era que queria me sentir daquela maneira novamente. Assim, desistindo inteiramente de minha posição de líder do grupo e ainda em meio ao cântico, peguei a mulher pela mão e fui com ela para um canto do enorme salão. Fiz com que se sentasse, olhei nos seus olhos castanhos e abertos e disse:

— Por favor, faça aquilo de novo.

Ela sorriu e repetiu aquele som, e novamente eu não estava mais em Cuernavaca, no México. Estava na Colômbia, e por duas horas, segundo as pessoas do grupo que tinham interrompido o cântico e observavam, eu me mantive num estado alterado de consciência.

Durante o curto tempo que passei com aquela mulher, eu aprendi e compreendi o que estava realmente acontecendo. Tudo ficou bastante claro para mim. Na realidade, dois velhos mamos kogis me explicaram o que ocorreu enquanto estive num corpo de mulher na Colômbia.

Eles disseram:

— Nós descemos a montanha e fomos até outra tribo próxima. Fomos ver uma mulher que tem capacidades especiais e pedimos que ela nos ajudasse a encontrá-lo, e ela concordou.

Aparentemente a mulher, que se chamava Ema, deitou-se numa cama alta feita de palha, dentro de uma palhoça de formato redondo. Seu espírito deixou o corpo e foi até o sopé da montanha, onde outra mulher colombiana morava numa velha casa espanhola de barro. Ema entrou no corpo dessa mulher — não sei se tinha permissão para fazer isso — e colocou na sua mente a ideia de ir até o seminário no México, de modo que ela, Ema, pudesse me ensinar a "linguagem sem palavras".

O que é ainda mais interessante é que a mulher colombiana não tinha dinheiro, nem passaporte com visto, nem passagem aérea, nem certidão de nascimento ou qualquer outro documento para provar sua identidade. Mesmo assim, ela conseguiu chegar até o México para vir ao seminário. Alguém comprara uma passagem para ela e, antes de eu sair dos Estados Unidos, os anjos me disseram para lhe oferecer um seminário gratuito. Mas, ainda assim, como ela passou pela imigração e pela alfândega sem nenhuma identificação? Como conseguiu voar da Colômbia para o México e voltar sem qualquer complicação? Imagino que eles simplesmente não podiam "vê-la".

O que eu estava aprendendo com Ema, e com seus estranhos sons no canto da sala, era muito mais do que simplesmente o modo como os mamos kogis fizeram essa transformação espacial comigo. Com as minhas capacidades recém-descobertas, eu estava passeando no mundo real na terra dos kogis, num corpo feminino, com os velhos xamãs mamos ao meu redor. Eu sabia que eles tinham consciência de que era eu quem estava naquele corpo e, um por um, chegavam bem perto do meu rosto e emitiam sons estranhos.

Cada vez que um som era emitido eu desaparecia imediatamente e ia para outra realidade, onde eles então começavam a me ensinar a respeito de sua história, cultura e crenças espirituais. Quando essa experiência bastante real terminou, eu sabia tudo a respeito dessa mulher, cujo corpo eu estava usando. Conhecia seu marido e três filhos como se fossem meus. Dois velhos mamos estiveram ao meu lado durante toda a experiência, e acabei conhecendo-os como se fossem parte de minha família.

Um deles era mamos Bernardo, e ele se tornou o meu guia durante alguns meses. Senti-me como se simplesmente tivesse renascido para um mundo novo e inacreditável, onde todas as antigas regras tinham sido descartadas. Meu mundo antigo e familiar pareceu ser mais como um sonho do que realidade, enquanto esse novo mundo era o real.

Entretanto, minha experiência com Ema terminou tão abruptamente quanto começou, e eu estava de volta ao meu próprio corpo no México, fazendo um seminário a respeito de algo que, naquela ocasião, achei que não tinha relação nenhuma com o que vivera.

Aos poucos, durante as semanas seguintes, comecei a compreender a minha nova experiência e a aceitar o modo pelo qual os mamos kogis me ensinaram, com tanta generosidade. Aprendi que aqueles sons vinham não da mente, de pensamentos ou palavras, mas sim do coração, de um ponto sagrado dentro do coração, e eram dirigidos pelos sonhos, pelos sentimentos e pelas emoções. (Tanto a mente quanto o coração produzem imagens no corpo, mas somente o coração cria imagens que parecem completamente reais.)

Ali estava um meio de comunicação que ia muito além de qualquer coisa que a mente pudesse fazer. Eu simplesmente tinha experimentado a "linguagem que não tem palavras", e nunca mais seria o mesmo. Eu me senti ao mesmo tempo honrado e empolgado com as possibilidades, pois a linguagem sem palavras poderia ser usada como comunicação entre todas as formas de vida — e não apenas entre seres humanos. Os mamos kogis, inclusive, me disseram para tentar me comunicar dessa maneira com animais, de modo que eu pudesse comprovar essa verdade por conta própria.

Tornando-me Uno com os Cavalos

Claudette tinha três cavalos que viviam num campo vasto e aberto. No dia seguinte ao meu retorno do México, peguei na mão dela e a puxei para fora de casa, para irmos vê-los. Eu já tinha contado as minhas experiências com Ema para ela, e ambos gostaríamos de saber o que aconteceria. Chegamos ao campo e encontramos os cavalos preguiçosamente em pé, junto da cerca, separados por mais ou menos trinta metros e ignorando uns aos outros. Caminhei lentamente para o meio do campo, enquanto Claudette se preparava para lhes dar de comer. Todos os três pareciam estar dormindo sob o sol quente e seco do Arizona.

Silenciosamente, saí da minha mente e entrei em meu coração, tal como tinham me ensinado, e um som agudo (de alta frequência) saiu do meu corpo. Eu não fiz o som — ele apenas saiu, e a imagem de um potrinho apareceu na minha visão interior.

Instantaneamente, os três cavalos agitaram a cabeça e fixaram os olhos em mim. Então, como que seguindo um sinal combinado, todos eles começaram a correr o mais rapidamente possível na minha direção. Quando me alcançaram, esfregaram a cara na minha, e em questão de segundos eu estava rodeado por cavalos, sem poder sair dali. Novamente, como que obedecendo a um sinal imperceptível, todos juntos baixaram a cabeça, e eu não tive outra escolha senão seguir o que faziam.

Durante os trinta minutos seguintes, eu me tornei um cavalo. Fizemos pequenos sons uns para os outros, entremeados por pequenos relinchos. Imagens de cavalos e manadas encheram meu ser, e o mesmo sentimento "sexual" que eu havia experimentado com Ema inundou meu corpo. Não posso explicar completamente o que aconteceu, mas sei que foi um dos momentos mais gratificantes da minha vida, em que eu fui dominado pela alegria de poder falar com esses cavalos.

Então, tudo acabou tão rapidamente quanto começara. Mas eu e os cavalos tínhamos mudado para sempre. A partir daquele momento, o meu relacionamento com eles não foi mais o de homem e cavalo — passou a ser como a relação entre membros de uma família. Que presente! E naquele momento eu soube, com absoluta certeza, que a minha experiência no México havia sido real. A vida estava ficando realmente boa!

Aqueles que conhecem a Bíblia Cristã podem se lembrar da história da Babilônia. Segundo a Bíblia, antes da Babilônia, o mundo inteiro falava apenas uma língua, que os humanos usavam para conversar também com os animais. Depois da Babilônia, Deus nos separou em muitos idiomas e essa separação persiste até os dias de hoje, porque nem sempre conseguimos nos entender. Entretanto, os arqueólogos nunca encontraram nenhum vestígio dessa língua única em nenhum lugar do mundo. Por quê?

Eu acredito que seja porque essa língua única não era escrita ou falada com palavras, mas sim criada por sons de dentro do coração. Somente quando o coração da humanidade se abrir novamente nós nos lembraremos dessa língua e seremos reconectados, não apenas entre nós mesmos e com os animais, mas com toda a vida em todos os lugares.

Levando Outra Pessoa ao Espaço Sagrado

Cerca de duas semanas depois da minha experiência com os cavalos de Claudette, eu estava na Costa Leste para fazer outro seminário Terra/Céu. O que tinha aprendido com os mamos kogis ainda predominava em minha mente. Minha facilitadora, que estava me ajudando a organizar o seminário e escutava atentamente o que dizia a respeito do espaço sagrado dentro do coração, não se conteve e disse:

— Por favor, você poderia me mostrar?

De início relutei em ceder, porque nós, seres humanos, temos muito lixo emocional e bloqueios que fazem com que sair da mente seja assustador para a maioria de nós. Mas ela foi persistente e acabei concordando em tentar, embora não esperasse que acontecesse alguma coisa.

Sentamo-nos de pernas cruzadas, de frente um para o outro, e começamos com uma meditação em que observávamos a nossa respiração, mais para relaxar do que para qualquer outra coisa. Então, como os mamos kogis tinham me mostrado, meu espírito literalmente deixou o espaço de minha mente e entrou em meu coração. Quase imediatamente, estranhos sons começaram a sair de meu corpo e uma visão interior apareceu.

Encontrei-me a apenas poucos metros do verde e lamacento rio Amazonas, com uma imensa árvore da floresta à minha esquerda. A árvore tinha um enorme galho que corria paralelamente ao chão, e que se estendia por mais ou menos seis metros a partir do tronco principal. Com meu espírito a cerca de dois metros do solo, percebi diretamente abaixo de mim um puma macho andando rapidamente e com determinação. O animal saltou para o galho e andou sobre ele até quase a sua extremidade. De lá, pulou agilmente para o chão e continuou a andar ao longo do rio.

No instante seguinte eu estava de volta à sala com a minha facilitadora. Abri os olhos, e ela simultaneamente abriu os dela. Olhei para ela para saber o que tinha vivenciado, mas não esperava nada. Porém, para minha total surpresa, ela descreveu minha experiência até nos menores detalhes. Quase não pude acreditar. Aquilo funcionava! Sem me dar tempo para pensar no que havia acontecido e bastante empolgada, minha facilitadora pediu que eu repetisse a experiência. Ela me fez lembrar como eu havia me sentido quando Ema fez os sons para mim pela primeira vez.

Assim, fechamos os olhos novamente e, num instante, outro som saiu de meu corpo. Imediatamente eu estava no teto de uma sala na casa da mulher colombiana, olhando para ela ali embaixo, enquanto dormia em sua cama. Era de manhã bem cedo, e sua casa era velha e feita de barro.

O espírito de Ema saiu do corpo da mulher colombiana e subiu até o teto para me encontrar. Fundimo-nos um no outro e, juntos, atravessamos a parede para fora da casa. Fomos cada vez mais alto no ar, até podermos ver a selva abaixo de nós e as montanhas ao nosso redor.

Então, como um avião a jato, começamos a nos mover rapidamente sobre a copa das árvores, e a subir a montanha. Voávamos a uma tremenda velocidade, a mais ou menos trinta metros acima das árvores que margeavam as montanhas cada vez mais altas, até finalmente descermos por uma encosta até um vale cercado por altas montanhas, onde havia uma aldeia de palhoças redondas.

Voamos diretamente até uma das cabanas, e passamos através das suas paredes até o cômodo onde o corpo nu de Ema estava deitado sobre uma cama de palha. (Normalmente, os kogis e outras tribos dessa montanha dormem em redes tecidas à mão, mas eles ficaram preocupados e preferiram não deixar Ema sem sua consciência sobre uma rede por um período longo de tempo.)

Quando entramos em seu corpo, ela acordou e viu sua família de pé ao seu redor. Seus três filhos, gritando o seu nome com animação, vieram correndo abraçá-la. O mais novo, que tinha pouco mais de um ano, foi imediatamente para o seu seio esquerdo e começou a mamar. Seu marido e dois mamos idosos ficaram de lado. Olhei para eles, que reconheceram a minha presença. E então tudo acabou.

Eu estava de volta à sala na Costa Leste dos Estados Unidos com a minha facilitadora e, de novo, abrimos os olhos no mesmo instante. Sem que eu dissesse nada, ela começou a descrever a experiência com detalhes perfeitos, mas com apenas uma exceção, que até hoje não entendi. Ela vira o espírito de Ema saindo do corpo da mulher colombiana na forma de um inseto. Quem sabe? Talvez isso tivesse algo a ver com o seu sistema de crenças. Com essa única diferença, minha facilitadora teve a mesma experiência que eu tive.

Dizer que eu estava empolgado não chega nem perto de descrever o que senti. Agora não havia mais nenhuma dúvida sobre a existência de um lugar secreto no coração. Essa experiência continha um enorme potencial humano, e poderia realmente afastar da extinção o atual curso da história da humanidade. O que os mamos kogis queriam que eu fizesse era ensinar ou transmitir essa capacidade para as pessoas. Por quê? Porque como guardiães do equilíbrio do planeta eles acreditam que, se nós nos lembrarmos do que e de quem está nos nossos corações, não seremos mais capazes de aniquilar a Terra com a nossa tecnologia sem consciência. E eu acho que estão certos.

♥ ♥ ♥

Nas duas semanas seguintes, todas as noites os mamos kogis apareciam em meus sonhos, durante a noite inteira. Continuaram a me ensinar e a revelar aspectos da sua cultura que achavam que eu devia saber. Esses sonhos deixaram muito claro que eles queriam que eu revelasse essa informação para as culturas tecnológicas do mundo.

Acabei me encontrando pessoalmente com os kogis, mas nada aprendi que já não tivessem me ensinado. Entretanto, eles deram sugestões, e estou usando seus conselhos para ensinar o que aprendi, embora não possa seguir alguns deles. Por exemplo, os mamos kogis disseram que, se eu pusesse os meus alunos de pé num quarto completamente escuro, e sem dormir ou comer por nove dias, eles seriam capazes de entrar no espaço sagrado do coração. Pode ser verdade, mas isso não funcionaria no mundo moderno. Usando a minha experiência pessoal como guia, acabei encontrando dois modos alternativos para atingir o mesmo objetivo, e os apresentarei neste livro.

Capítulo Quatro

O Espaço Sagrado do Coração

Estudando e Ensinando a Viver no Coração
A Vibração do Coração — O Fácil Retorno
Minha Experiência Pessoal do Sagrado Espaço do Coração
Indo para Casa
O que é o Tempo?
Os Espaços Sagrados de Outras Pessoas — Alguns Exemplos
O que Pode Impedir Você de Viver essa Experiência

O espaço sagrado do coração, algumas vezes chamado de câmara secreta do coração, é uma dimensão atemporal de consciência onde todas as coisas são possíveis, aqui e agora. Nos escritos antigos e nas tradições orais do mundo todo há referências a um lugar especial ou secreto no coração. O verso do Chandogya Upanishade, no início deste livro, é um exemplo. Outro exemplo é o livro associado com a Torá, chamado "A Câmara Secreta do Coração".

Talvez a ciência esteja agora começando a se aproximar cautelosamente desse mesmo conceito. Um grupo de pesquisa, o Instituto HeartMath, em Boulder Creek, Califórnia, ligado à Stanford University, encontrou dados novos e muito interessantes a respeito desse assunto, e essa informação pode ser útil para aqueles que tentam entender o coração. Não é uma tarefa fácil, mas, quando a mente coopera, o coração responde.

Este paradoxo sempre existiu: quando um bebê é concebido, o coração humano começa a bater antes que o cérebro esteja formado. Esse fato levou os médicos a se perguntar de onde viria a inteligência que inicia e regula o batimento cardíaco. Para surpresa do mundo médico, os cientistas do HeartMath descobriram que o coração tem o seu próprio cérebro — sim, um cérebro real, com células cerebrais reais. É muito pequeno, tem somente quarenta mil células, mas é um cérebro e, obviamente, é tudo de que o coração precisa. Essa fantástica descoberta confere autenticidade àqueles que, por séculos, falaram ou escreveram sobre a inteligência do coração.

Os cientistas do HeartMath fizeram uma descoberta talvez ainda maior sobre o coração. Eles provaram que o coração humano gera um campo de energia maior e mais poderoso do que o de qualquer outro órgão do corpo humano, incluindo o cérebro dentro do crânio. Descobriram que esse campo eletromagnético tem entre dois metros e meio e três metros de diâmetro, e seu eixo está centrado no coração. Sua forma lembra a de um toroide (semelhante a uma rosquinha), que é considerada a forma mais singular e primordial do universo.

Aqueles que estudaram os dois volumes de *O Antigo Segredo da Flor da Vida* vão descobrir algo bastante familiar sobre o campo toroidal do coração. No Cubo de Metatron é possível encontrar os cinco sólidos platônicos um dentro do outro, e cada um tem uma réplica menor da forma original nele contida — um cubo dentro de um cubo, um octaedro dentro de um octaedro, e assim por diante.

Emergindo do espaço secreto do coração, há um campo eletromagnético toroidal com um campo toroidal menor em seu interior. Ambos estão centrados no mesmo eixo, exatamente como os cinco sólidos platônicos no Cubo de Metatron.

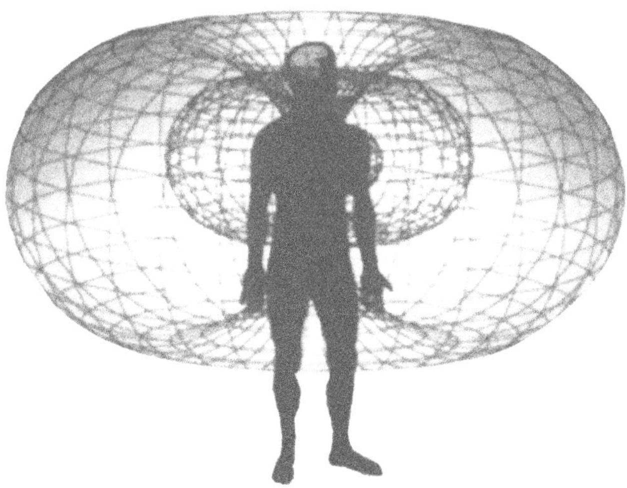

O campo toroidal do coração

Eu encontrei dois aspectos muito importantes relativos a esse campo toroidal. Primeiramente, ele pode ser usado como um portal para encontrar a câmara secreta do coração e entrar nela. As instruções de como entrar nesse lugar secreto usando esse vórtice podem ser encontradas mais adiante neste livro. O segundo aspecto tem a ver com o toroide interior, o menor. Esta não é a melhor ocasião para explicar o quanto esse campo é importante, mas voltarei a esse assunto quando falarmos a respeito de criar com o coração.

O espaço sagrado do coração é criado de maneira similar à do toroide dentro do toroide. Há o espaço sagrado propriamente dito, mas, como vocês verão, dentro desse espaço existe outro espaço muito pequeno, mas muito especial, que é diferente e tem aplicações singulares.

Cirurgiões cardíacos obtiveram outra informação que pode estar relacionada a esse assunto, mas não estou certo de sua importância. Descobriram que há um pequeno espaço dentro do coração que não deve ser tocado em nenhuma circunstância, ou a pessoa morre imediatamente, sem qualquer possibilidade de ser reanimada. Qualquer coisa que se refira a esse lugar, certamente é muito importante para a vida.

Estou convencido de que o campo eletromagnético toroidal passa exatamente através do espaço sagrado do coração e é gerado por ele, mas ainda tenho dúvidas sobre o "cérebro do coração" e sobre o "lugar que não pode ser tocado ou você morre". Por favor, mantenham-me informado se vocês apreenderem ou descobrirem uma relação entre esses aspectos do coração.

Estudando e Ensinando a Viver no Coração

Eu estudo e faço seminários "Vivendo no Coração" desde o final de 1999. Até o momento em que escrevo este livro, já vivenciei essa experiência com mais de quatro mil pessoas. Tenho aprendido muito e continuo a aprender. Tenho certeza de que este livro será complementado no futuro, porque estamos agora começando a entender as imagens que são geradas pelo coração.

O relato que se segue é uma parte do que aprendi, mas eu gostaria de fazer uma ressalva. O que eu sei sobre esse assunto, neste momento, foi aprendido a partir de experiências próprias e das experiências de alguns dos meus alunos. Entretanto, algumas vezes ficamos um longo período sem entender o que está acontecendo. O que vou expor agora é o que acredito ser verdade neste instante, mas posso mudar meu entendimento sobre uma parte dessa informação. Você deve seguir o seu próprio coração, e ser sincero e honesto consigo mesmo. Se alguma coisa neste livro não funcionar para você, apenas a desconsidere, pois estou certo de que há um caminho que o levará a encontrar seu espaço sagrado do coração.

Nos dois primeiros anos em que fiz esse seminário, verifiquei que eu normalmente conseguia atingir só uma parcela dos participantes: metade do grupo "captava" o assunto, enquanto a outra metade não conseguia assimilar pela cabeça (ou pelo coração) o seu tema principal. Decidi então mencionar, antes de cada seminário, que isso poderia acontecer, ou seja, que metade das pessoas presentes vivenciaria o espaço sagrado dentro do coração, e suas vidas mudariam com essa experiência, enquanto a outra metade iria embora sem ter vivenciado nada. Mas eu me perguntava, "Por que isso acontece?"

Passei muitas horas pensando nessa questão. Finalmente, com base nas respostas de centenas de pessoas que não conseguiram encontrar o espaço sagrado, parece-me agora que, na maioria das vezes, a razão está em seus corpos emocionais. As pessoas que tiveram traumas emocionais em algum momento da vida sentem a dor novamente quando entram no espaço sagrado do coração e querem sair dali imediatamente. Isso significa que, antes de começar, pode ser necessário que você liberte-se da sua bagagem emocional por meio de uma terapia. Aqueles que encontram um meio de liberar sua energia emocional negativa, não importando como tenham conseguido isso, são capazes de entrar no coração com pouco ou nenhum desconforto. Uma vez no coração, mesmo que por apenas quinze minutos, qualquer coisa que os tenha impedido inicialmente de entrar nele parece se dissolver, e eles conseguem retornar a esse lugar sagrado sem dificuldade.

Outro problema que encontrei são os diferentes modos pelos quais as pessoas "veem". Alguns usam sua visão interior facilitadora e "enxergam" na forma de sonhos e visões; outros usam sons e a audição para perceber os mundos interiores; e outros ainda veem com sentidos como o olfato, o paladar e as sensações corporais. Em resultado, expectativas de como essa experiência "deve" acontecer algumas vezes surgem no caminho e o confundem. Uma breve história deixa isso claro.

No final de um seminário, um casal voltou para casa com sentimentos diferentes: um tinha entrado no coração e o outro se sentia como se tivesse fracassado. (Mesmo que eu prepare as pessoas para essa possibilidade, elas podem se sentir desanimadas quando isso acontece.) O marido, que sentia não ter tido a experiência, disse para a esposa:

— Eu me sinto mal por nada ter acontecido quando meditei. Não senti nada. Mas tenho que admitir que o CD que o Drunvalo tocou, com golfinhos e baleias, foi realmente inacreditável. A música foi tão boa que eu quase pude sentir a água no meu corpo.

Surpresa, a esposa lhe disse que eu não havia tocado o CD, e que, na realidade, não houvera música nenhuma. Ele duvidou dela até perguntar a outra pessoa, que também estivera no seminário, a qual confirmou que nenhuma música havia sido tocada e que não houvera nenhum som de golfinhos e baleias vindo de um CD. Aquele homem era um músico e essa era a sua maneira de "ver".

Ele esperava enxergar com visões, mas em vez disso "viu" com os ouvidos.

Agora estamos descobrindo que muitas pessoas que pensaram não ter tido a experiência realmente a tiveram de alguma outra maneira, mas a desconsideraram porque não correspondia ao que esperavam.

A Vibração do Coração — O Fácil Retorno

Uma das primeiras coisas que percebi quando entrei no meu espaço sagrado do coração foi uma vibração sonora que parecia vir de todos os lugares. Essa vibração obviamente não vinha das batidas do coração, já que seu som era contínuo — era como o som do Om, embora fosse diferente. (Nas duas vezes em que estive na Câmara do Rei, na Grande Pirâmide no Egito, senti uma vibração que parecia estar em todos os lugares dentro da pirâmide, mesmo nas rochas em que eu tocava. Falei a respeito com muitas outras pessoas que também estiveram lá e elas me disseram que sentiram a mesma vibração, que acredito ser quase exatamente a vibração do coração.)

Quando você entrar no espaço sagrado do coração, uma das primeiras coisas que eu gostaria que fizesse, assim que escutar essa vibração, é começar a duplicar esse som interno com a sua voz física. Não precisa ser uma duplicação perfeita, apenas imite-o do modo mais parecido que puder. Isso conectará o mundo interno do coração com o mundo exterior da mente.

Minha esposa estudou, em Israel, os antigos ensinamentos sobre o caminho do coração, com Madame Kolette de Jerusalém, segundo a qual essa prática é sempre importante — e eu concordo, depois de ter testemunhado tantas pessoas entrando nesse espaço. Essa duplicação aterra a experiência do zumbido interno do coração neste mundo físico, o que então revela outra razão para que seja feita: criar um meio fácil de retornar ao espaço sagrado do coração.

Depois que você tiver vivenciado o mundo interno do coração e desejar repetir a experiência, pode simplesmente sintonizar com a vibração do coração emitindo esse zumbido e, é claro, saindo da cabeça e entrando no coração. Essa vibração o conduz diretamente para o espaço sagrado do coração, e ir para lá se tornará cada vez mais fácil. Depois de certa prática, essa mudança da mente para o coração pode ser feita entre dois e três segundos.

Minha Experiência Pessoal do Sagrado Espaço do Coração

Antes que eu comece, peço que entenda que a sua experiência e a minha podem ser completamente diferentes, e externamente pode até mesmo parecer que nada têm em comum. Embora haja muitas correlações entre duas pessoas ou mais, tal como ocorre com os flocos de neve, cada pessoa é única. Portanto, não crie expectativas. Quanto mais você entrar no coração como uma criança, com os olhos abertos e os sentidos em alerta, mais fáceis e diretas serão as suas experiências. Sendo assim, eu vou descrever as experiências de outras pessoas simplesmente para que você as use como referência, e não como uma "regra".

Em meados dos anos 80, eu estava meditando dentro do Mer-Ka-Ba quando, súbita e inesperadamente, encontrei-me dentro de uma caverna escavada na rocha sólida e que me parecia totalmente real.

Uma das extremidades da caverna era arredondada e com a forma de um domo, e não havia nada ali com exceção de uma área circular, de cerca de um metro e oitenta de diâmetro e cercada por uma borda de pedra de trinta centímetros de altura, que estava cheia de uma areia de silício pura e branca. Ao longo da parede esquerda da área principal havia cerca de vinte fotografias de pessoas, as quais pareciam estar, de alguma forma, engastadas na rocha sólida. Não reconheci sequer uma única pessoa, nem entendi por que as fotos estavam lá. Na parede oposta havia uma abertura de cerca de três metros e meio de largura, e quase cinco metros de altura. Uma parede de luz branca bloqueava a visão do que havia além dessa abertura. Eu sabia, instintivamente, que o que quer que estivesse além da parede de luz estava sendo ocultado de mim por mim mesmo. Eu sabia que eu mesmo havia criado aquela parede de luz, mas não tinha ideia do porquê.

Minha caverna

Enquanto "andava" pela caverna, eu sentia que tudo me era familiar, mas ao mesmo tempo parecia que eu estava lá pela primeira vez. No canto mais distante havia uma escadaria escavada na rocha sólida, que espiralava para baixo até outro nível. Nesse outro nível havia uma luz verde que não produzia sombras, parecendo vir do próprio ar. Vi muitas salas trancadas — acredito que havia centenas delas, mas a minha orientação interior me fez saber que essa parte da caverna estava guardada para uma época posterior da minha vida, e eu voltei para a sala principal.

Continuei voltando à caverna em minhas meditações involuntariamente, e mais ou menos a cada duas semanas eu me via de volta naquele espaço. Nada mudou e tampouco percebi qualquer coisa nova, até talvez um ano após eu ter estado ali pela primeira vez.

Eu estava sentado com as pernas cruzadas na área circular cheia de areia de silício e voltado para a parede de rocha sólida. (Descobri que, depois de entrar nesse espaço, muitas vezes eu não conseguia sair dele até que a meditação tivesse acabado naturalmente; também me acostumei a ir para esse círculo de areia porque, por algum motivo, eu me sentia muito bem sentado ali.) Nesse momento percebi aquela fantástica vibração que parecia estar em toda a parte. Entretanto, assim que eu saí do círculo de areia, a vibração baixou um tom. Com o tempo, ficou claro que a vibração era a mesma em toda a caverna, exceto naquele círculo de areia. A mudança no tom era a primeira indicação de que o círculo de areia, para onde eu era sempre atraído, era um local especial nesse espaço dentro da minha meditação, e ali eu meditava durante horas. Naquela ocasião, porém, eu realmente não fazia ideia do que tudo aquilo significava.

Um dia, quando meditava outra vez dentro do círculo, de frente para a parede de pedra, percebi que ela tinha começado a ficar transparente. Para minha grande surpresa, quando eu toquei a parede nessa área transparente a minha mão atravessou a pedra. Empolgado, inclinei o corpo para a frente, para fora do círculo, e enfiei a mão tão profundamente quanto possível dentro da pedra. Todo o meu corpo como que caiu através da parede e eu me encontrei fora da caverna, na superfície de um planeta, no fundo de uma fenda, no sopé de uma montanha muito alta.

Escalei a fenda de modo que pudesse olhar ao redor. Era noite, e vi o céu cheio das conhecidas estrelas. Mas não pude ver qualquer forma de vida em nenhum lugar, somente rocha. Não pude sequer ver poeira. Após alguns minutos, voltei para a fenda e tentei retornar para o interior de minha caverna, mas a princípio não consegui. Havia uma parede de rocha sólida, e eu não sabia o que fazer. Lembro-me de realmente ter sentido medo por um instante.

Fiquei em frente à parede de pedra aparentemente impenetrável por algum tempo, e então me lembrei da vibração do círculo de areia. Assim que comecei a emitir o som e o som percorreu o meu corpo, a parede de pedra começou a ficar transparente e eu pude então atravessá-la e retornar ao círculo de areia na caverna. Todas as vezes em que fiz isso, mal pude acreditar que tudo estivesse realmente acontecendo, visto que tudo parecia tão real.

Depois que descobri esse truque, durante mais ou menos um ano atravessei a parede de pedra para o exterior da caverna para fazer longos passeios exploratórios. Essa realidade era tão real quanto a minha realidade ordinária aqui na Terra — pelo menos eu não conseguia identificar nenhuma diferença. Podia me sentir respirando; se tocasse uma rocha, sentia exatamente como se tivesse tocado numa pedra em meu mundo normal. Tudo era exatamente igual, exceto pela vibração que nunca cessava e pela luz que não produzia sombras.

Durante esse período da minha vida, eu estava vivendo com uma família de nativos americanos nas altas planícies desérticas além dos limites de Taos, no Novo México. Minha casa consistia num velho ônibus escolar Chevrolet 1957 e numa cabana tradicional de nativos americanos que ficava ao lado do ônibus. Durante dois anos e meio, a minha vida foi organizada em torno dessa propriedade simples.

Numa noite escura, durante uma tempestade de neve extremamente fria, alguém bateu na porta do ônibus. Fiquei surpreso que alguém estivesse na minha porta naquela hora e naquelas condições, porque estava ocorrendo uma forte e furiosa nevasca e eu estava a mais de um quilômetro e meio da estrada pavimentada mais próxima. Uma moça jovem, com mais ou menos 20 anos, estava de pé ali fora, congelando e pedindo abrigo; certamente eu a convidei para entrar. Quando ela tirou o capuz e eu pude ver completamente o seu rosto, tive uma sensação de *déjà vu* que me deixou arrepiado. No entanto, como não consegui identificar imediatamente onde eu a vira antes, comecei a perguntar sobre lugares onde pudéssemos ter nos encontrado. E, então, descobri. Ela estava na primeira foto da parede da minha caverna! Na primeira oportunidade que tive, fui para lá em meditação e confirmei que, realmente, sua fotografia estava na parede. Essa moça ficou comigo por cerca de um ano, e teve enorme influência sobre a minha vida com a compreensão espiritual com que me brindou.

Ao longo dos anos, uma por uma as pessoas das fotos na parede entraram na minha vida com informações e experiências que tiveram, e ainda têm, um valor inestimável para mim. Entretanto, na época em que encontrei essa jovem, eu não tinha nenhuma pista do que a caverna era, ou da razão por que eu continuava visitando-a quando meditava. Tudo o que eu sabia era que essa caverna era extremamente importante para o meu propósito na Terra.

Indo para Casa

A abertura de quase cinco metros com a parede de luz nunca tinha mudado ao longo dos anos, isto é, até janeiro de 2002. Eu estava na Alemanha fazendo um seminário "Vivendo no Coração" e o grupo tinha acabado de entrar no espaço sagrado do coração pela primeira vez. Eu também havia entrado no meu espaço sagrado do coração e, como de costume, estava dentro de minha caverna. Naquela ocasião eu já compreendia que isso ocorria dentro do espaço do meu coração, mas, quando andei na direção da parede de luz, pela primeira vez a luz opaca que escondia a entrada estava levemente transparente. Fiquei ansioso, pois isso nunca tinha ocorrido antes e me perguntei o que aconteceria em seguida.

Saímos de nossos espaços sagrados e liberei o grupo para um curto intervalo de meia hora. Eu já começava a voltar para o meu quarto, quando uma mulher se aproximou e disse que tinha um presente para mim.

Contou-me que estava passeando numa praia na Grécia, pensando somente na beleza do lugar, quando então olhou para a areia e viu uma pedra bastante estranha. Pegou-a, e imediatamente a pedra lhe disse, "Leve-me para Drunvalo". E ela fez exatamente isso. A mulher tinha embrulhado a pedra num pedaço de pano, de modo que eu não pude vê-la quando ela a deu para mim. Agradeci, e levei a pedra para o meu quarto. Quando a desembrulhei, fiquei espantado. Nunca havia visto nada como aquela pedra, nem de perto; parecia alienígena.

A primeira coisa que fiz foi me sentar para meditar, segurando a pedra junto ao terceiro olho. Sem nenhum pensamento predeterminado, encontrei-me em frente à parede de luz de minha caverna interior. Pouco tempo depois, a parede de luz desapareceu completamente, e então eu pude ver pela abertura que havia espicaçado a minha curiosidade por tantos anos.

Ali, em sua esplendorosa beleza, estava o céu. Bem no centro da abertura estava a constelação de Órion, com as três estrelas do Cinturão de Órion (as Três Marias) bem visíveis. Subitamente, um brilhante feixe espiralado de luz dourada partiu da região ao redor da estrela central do Cinturão, e rapidamente se expandiu até envolver todo o meu corpo.

Naquele momento eu me lembrei de tudo o que o meu Pai tinha me dito, quando deixei a décima terceira dimensão, sobre como o meu espírito devia se mover para encontrar o meu cami-

A pedra

nho para a Terra. A única diferença era que agora eu também me lembrava de como me mover para encontrar o meu caminho de volta para casa! Eu estava ao mesmo tempo feliz — feliz por me lembrar de tantas coisas que eu tinha propositadamente esquecido

— e apreensivo. Isso significaria que eu estava prestes a deixar a Terra e voltar para casa? Um dos meus anjos apareceu imediatamente e me assegurou de que eu não estava de partida, mas que o vórtice, "o feixe espiralado de luz dourada", havia aberto uma nova forma de comunicação para mim que seria usada no futuro, e que teria importância fundamental em minha vida. A lembrança do movimento do Espírito foi importante também por outra razão, que eu logo compreenderia.

Terminei a meditação ainda segurando a pedra bastante incomum contra a testa, e comecei a chorar. A emoção que senti, por estar religado ao meu Pai dessa maneira, foi um imenso alívio. Quando voltei do intervalo e estava prestes a recomeçar o seminário, a mesma moça veio correndo e me abordou antes que eu começasse.

— Eu me esqueci, quando lhe dei a pedra não transmiti toda a mensagem. A pedra disse, "Entregue-me a Drunvalo. Eu sou de uma forma que ele se lembrará de como voltar para casa".

Não tive palavras e, em vez de falar, eu a abracei para agradecê-la do fundo do meu coração. A vida é mesmo surpreendente!

♥ ♥ ♥

Analisando em retrospecto, percebo que eu não tinha total consciência de que a caverna em que entrava durante a Meditação do Mer-Ka-Ba estava relacionada com o espaço do coração, até o momento em que encontrei os kogis da Colômbia. Foram eles que esclareceram essa relação, pelo que eu lhes serei eternamente grato.

O que é o Tempo?

Agora a mágica realmente começou... Durante outro seminário "Vivendo no Coração", em 2002, eu estava em meditação e entrei no espaço sagrado. Como sempre, andei até o meu espaço especial para me sentar na areia e meditar dentro da meditação, quando vi que o círculo estava cheio de água até a borda, como numa banheira. Também pude ver que a água transbordava do círculo e escorria pelo chão da caverna até um local do outro lado da área arredondada, onde desaparecia por um espaço entre a parede e o chão.

O círculo de areia se transformou numa grande banheira, cheia de água limpa e transbordante

Ver isso me causou um sentimento muito engraçado. Eu não esperava e fiquei confuso; então apenas me levantei e fiquei olhando a água, sem saber o que fazer ou por que aquilo estava acontecendo. Subitamente, uma onda começou a subir quase meio metro acima da borda do círculo, cobrindo-o e fluindo como um rio na direção da parede em que a abertura no solo aumentava para receber a água abundante.

A quantidade de água continuou aumentando até atingir uma proporção realmente alarmante. Eu não tinha ideia do que fazer, e por um longo tempo apenas permaneci de pé junto do que agora se tornara uma fonte cascateante de água, pensando comigo mesmo, "Meu Deus, o que está acontecendo?" Por fim, simplesmente interrompi a meditação, um tanto desnorteado.

No dia seguinte, durante a aula, entrei em meu coração novamente para ter uma experiência que iria alterar a minha vida meditacional para sempre. O fluxo de água continuava, mas pareceu ter se acalmado e se tornara um fluxo contínuo, embora ainda volumoso. O muro ao redor do círculo de pedra havia aumentado e tinha agora cerca de noventa centímetros de altura, criando algo que mais perecia uma banheira de água quente.

Eu queria entrar no meu espaço sagrado interior, mas continuei ali de pé, considerando se devia ou não fazer isso. Finalmente, decidi que devia ir em frente e fazer o que sempre fazia, e entrei na banheira onde a água turbilhonava. A água estava fria, mas confortável, na temperatura ambiente, e era extremamente limpa e transparente. Com a água escoando ao meu redor, logo comecei a meditar, com os olhos abertos e olhando para a parede de pedra à minha frente. A parede lentamente começou a ficar transparente, como eu já vira tantas vezes, e segui o irresistível impulso de passar através dela.

Quando saía da fenda na rocha e seguia para um ponto de onde pudesse ver o estéril planeta, fui parado no caminho por um espetáculo maravilhoso. Aquele planeta "imaginário" não era mais estéril! Em toda parte, até onde minha vista alcançava, havia uma abundante vida vegetal, e uma verdadeira selva se estendia diante mim em todas as direções, até o horizonte. Como podia ser?

Nem mesmo havia terminado o meu pensamento, quando a imagem da água escoando do meu espaço sagrado apareceu, e percebi que essa água havia dado vida ao planeta. Mas as plantas já estavam tão crescidas e maduras! Teria sido porque o tempo nesse mundo não era como eu pensava? Eu tinha muitas perguntas.

Depois de um longo tempo de contemplação e encantamento, retornei ao meu espaço sagrado e reentrei no meu corpo. Uma vez de volta a este mundo, passei dias pensando no significado de minha última experiência. O que ela realmente representava? Meus guias internos, os anjos, ficaram silenciosamente ao meu lado, deixando que eu tirasse as minhas próprias conclusões.

Os Espaços Sagrados de Outras Pessoas — Alguns Exemplos

Eu já ouvi mais de mil pessoas contando as histórias de suas experiências no espaço do coração. Mesmo havendo algumas semelhanças entre elas, está claro que as imagens do coração parecem mais com sonhos do que com esta realidade fixa e estruturada em que vivemos.

A natureza das experiências das pessoas cobre um amplo espectro. Portanto, tenha cautela com relação a qualquer expectativa. Seja como uma criança, e mantenha o coração aberto quando entrar em seu espaço interior. Sua experiência quase certamente será pessoal e exclusiva. Para que você possa ter uma ideia de como os nossos espaços sagrados do coração são diferentes, eis alguns exemplos do que outras pessoas os vivenciam:

"Quando pedi que meu espaço sagrado se enchesse de luz, isso aconteceu instantaneamente. Fiquei muito feliz, porque normalmente nada acontece quando peço alguma coisa. Era uma luz suave e incandescente, não como a luz brilhante de minha casa. Olhei em volta e percebi que estava num templo grande e sofisticado, de aparência egípcia. Com a diferença que as pedras pareciam elétricas e também emitiam luz. Havia hieróglifos nas paredes e, quando me aproximei

para vê-los melhor, eles começaram a dançar, como se estivessem vivos. De algum modo, uma linha com cerca de vinte imagens fazia completo sentido para mim. Não posso descrever o que ela dizia, apenas que sabia o seu significado em meu coração, e comecei a chorar."

♥ ♥ ♥

"Eu me virei e vi um portal, muito alto. Passei por ele e segui para outra sala, onde havia uma mulher linda e majestosa, com cabelos e olhos escuros e um manto longo e dourado, que parecia egípcia. Pegou a minha mão sem dizer nada e me conduziu para uma sala simples e pequena; anunciou-me e desapareceu. E eu soube, instantaneamente, que havia acabado de entrar no meu espaço sagrado interior; eu tinha certeza.

♥ ♥ ♥

"Subitamente, o cômodo começou a mudar de forma e continuou a crescer até atingir quilômetros de largura; e continuou a se ampliar até que as paredes desapareceram. E então eu percebi que estava no espaço profundo. Foi quando você (Drunvalo) pediu que retornássemos."

♥ ♥ ♥

Um jovem, que dissera não acreditar que alguma coisa fosse acontecer com ele porque "nunca acontecia", contou a sua experiência:

"Quando pedi para que houvesse luz, nada aconteceu. Então comecei a ver se conseguiria sentir o meu caminho como você (Drunvalo) havia sugerido. De alguma forma eu sabia onde eu estava, tudo me era muito familiar. Virei-me para a esquerda e, quase como numa pintura impressionista, pude ver os tênues contornos de algo que parecia próximo.

Lentamente, comecei a imaginar figuras e formas, e as formas logo foram ficando mais brilhantes até que me encontrei num mundo apenas de luz, que não era sólido, era mais como um holograma. A luz começou a se mover, formando padrões geométricos. Eu me senti me movendo também, seguindo um dos fluxos de luz de volta à sua fonte. A beleza era intensa, e a sensação de me mover muito rapidamente era muito boa. Aquilo, o que quer que fosse, continuava a me puxar, e eu podia vê-lo. Linhas de luz continuavam a vir de todo o universo para esse lugar do qual eu me aproximava rapidamente. Naquele momento, o tamanho e a grandiosidade desse acontecimento tinham uma escala galáctica. Sentia-me como uma minúscula mancha em tudo aquilo.

Enquanto escoava como mercúrio para o centro desse campo de luz, eu sabia que estava em Casa — com letra maiúscula! Eu já havia estado lá antes. No centro dessa espantosa experiência havia uma bola redonda de água viva. Deslizei para o centro dessa bola de água plena de luz exatamente no momento em que você nos pediu para retornar. Eu sei que voltarei lá. Eu não queria que essa experiência terminasse. Eu não queria voltar. Eu estava tão vivo!"

E as histórias continuam, sempre diferentes, sempre intimamente pessoais ao meditador do coração. Depois de ouvir centenas dessas histórias, ficou claro que existe outra realidade no coração que é tão importante, e talvez mais primordial, do que este mundo estruturado da mente, no qual todos nós aparentemente vivemos.

O que Pode Impedir Você de Viver essa Experiência

Há razões pelas quais algumas pessoas não podem entrar no coração, ou, se encontram esse lugar especial, sentem-se compelidas a deixá-lo imediatamente. Eu levei quase dois anos ensinando e ouvindo aqueles que não conseguiam entrar nele, até entender por que isso acontecia.

Como mencionei antes, aqueles que tiveram experiências traumáticas na vida, especialmente experiências negativas em seus relacionamentos e no amor, muitas vezes revivem suas dores quando entram no espaço sagrado do coração, e esse reviver é tão doloroso que sentem que precisam sair. Esse problema é o que mais ocorre.

Há também o problema do medo — o medo do desconhecido. Algumas pessoas percebem instantaneamente que as imagens do coração são "reais" quando começam a vivenciá-las, e o medo penetra em seus espíritos e as fazem se afastar. Eu descobri que, quando esse é o caso, se alguém fizer a pessoa permanecer ali por um momento, o medo muitas vezes desaparece e tudo fica bem. O segredo é como fazer a pessoa ficar ali por tempo suficiente para que o medo se dissipe.

O terceiro problema, que também citei anteriormente neste livro, ocorre quando as pessoas esperam ser capazes de "ver" de certa maneira, e não percebem que podem "ver" de outros modos — pela audição, pelo tato, pelo olfato, pelo paladar.

Como eu disse antes, inicialmente eu conseguia atingir somente 50% da audiência. Entretanto, em janeiro de 2002 eu identifiquei os fatores que podem manter as pessoas afastadas dos seus espaços sagrados do coração. No seminário na Alemanha, 174 das 180 pessoas presentes foram capazes de vivenciar seus espaços sagrados do coração, embora ainda estejamos aprendendo... ou nos lembrando.

Capítulo Cinco

A Unidade do Céu e da Terra

A Respiração da Unidade

Subindo no Palco

É Muito Simples

Uma das coisas que os povos nativos do mundo me ensinaram é que, antes de qualquer cerimônia importante, devemos nos conectar em amor com a Mãe Terra, em seguida com o Pai Céu e, por meio dessa experiência, finalmente com o Grande Espírito, ou Deus. A mesma coisa tem que ser feita quando se está para entrar no espaço sagrado do coração, de outro modo esse espaço permanecerá indefinido e esquivo.

O que vou contar eu aprendi em 1981, com um dos meus mentores do Taos Pueblo, Jimmy Reyna, e de uma maneira bem simples e modesta. No entanto, ele é um dos grandes professores espirituais das tradições da Kriya yoga, falando em termos elegantes.

Eu estava prestes a entrar no palco durante um evento denominado "O Coração Solar", que era realizado em 1994 na Ilha Jekyll, na Georgia. Vários professores de temas espiritualistas estavam se apresentando em turnos para conduzir a plateia a uma unidade cada vez mais elevada com o Espírito, e eu seria o próximo. Eu estava numa pequena sala atrás do palco, sentado em meditação diante de um altar, onde alguém colocara uma única vela acesa e um conjunto de fotografias da Self-Realization Fellowship*. Havia figuras de Krishna, Jesus, Babaji, Lahiri Maharshi, Sri Yukteswar e Yogananda. Eu sabia que alguém viria para me conduzir até o palco, e também já sabia sobre qual assunto eu falaria, de modo que não havia nada a fazer a não ser me centrar. Para mim, não há melhor maneira de fazer isso do que meditar.

Agradeci aos mestres pela sua grandiosidade e fechei os olhos para começar a meditar. Lentamente, o mundo ao meu redor começou a se desvanecer e, à medida que a energia ia aumentando, eu tive uma visão. Esse único momento alterou o curso daquela

* *A Self-realization Fellowship* é uma organização internacional sem fins lucrativos com Sede Central em Los Angeles, Califórnia, fundada em 1920 por Paramahansa Yogananda.

noite com a audiência, e, posteriormente, o curso de quase tudo em meu mundo espiritual.

Logo em seguida, Sri Yukteswar apareceu para mim com uma nobre expressão na face. Embora eu tenha tido um relacionamento próximo com Yogananda, que foi discípulo de Sri Yukteswar, nunca havia pensado no próprio Sri Yukteswar. Mas ali estava ele.

Sri Yukteswar

A Respiração da Unidade

Sri Yukteswar foi diretamente ao ponto, como eu agora irei. Disse que, na Índia, ninguém sequer pensaria em se aproximar do divino sem certo estado de espírito e coração, e deu-me instruções específicas sobre como estabelecer uma conexão consciente com o divino e, finalmente, com Deus. Eis o que ele me disse.

"*Você pode estar em qualquer lugar, mas, para mim, eu uso um altar com uma única vela para focalizar a minha atenção mental.*

Eu sinto e sei da presença de meus mestres, e todos nós começamos a respirar juntos, como um só ser."

Unificação com a Mãe Divina

"Deixe a sua atenção se deslocar para um lugar na Terra que você considera o mais lindo do mundo. Pode ser qualquer lugar — um cenário de montanhas com árvores, lagos e rios, ou um deserto árido, seco e quase sem vida — o que quer que você perceba como algo lindo. Observe tantos detalhes desse lugar quanto possível.

"Por exemplo, se o seu lugar é um cenário montanhoso, veja as montanhas e as grandes nuvens brancas. Veja e sinta a floresta e as árvores se agitando com o vento. Veja os animais, o veado e o alce, pequenos coelhos e esquilos. Olhe para baixo e veja as águas cristalinas dos rios. Comece a sentir amor por esse lugar e por toda a natureza. Continue a crescer dentro desse espaço de amor com a natureza até que o seu coração esteja pulsando com a ternura do seu amor.

"Quando sentir que é o momento certo, envie o seu amor para o centro da Terra usando a sua intenção, de modo que a Mãe Terra possa sentir diretamente o amor que você tem por ela. Se desejar, você pode colocar o seu amor dentro de uma pequena esfera e enviá-lo dessa maneira para a Mãe, mas é a sua intenção o que realmente importa. Depois espere, tal como uma criança. Espere até que a Mãe Terra envie o seu amor de volta para você, e que você possa senti-lo. Você é filho(a) dela, e eu sei que ela o(a) ama.

"Quando o amor da sua Mãe estiver entrando em seu corpo, abra-se completamente e deixe que ele vá para qualquer lugar do seu corpo. Deixe que penetre em todas as suas células. Deixe que percorra seu corpo de luz. Deixe que vá para onde quiser. Sinta esse amor maravilhoso com que a sua Mãe envolve você e permaneça nessa união com a Mãe Terra até que sinta que ela se completa."

"No momento certo, que só você pode saber qual é, e sem desfazer a união de amor com a sua Mãe, olhe para o seu Pai, para o seu Pai Celestial. Olhe para o restante da criação, para além da Terra. Focalize a atenção num céu noturno. Veja a Via Láctea e os seus meandros pelos céus. Olhe os planetas e a Lua girando ao seu redor e da Terra. Sinta o Sol ocultando-se abaixo da Terra. Dê-se conta da inacreditável profundidade do espaço.

"Sinta o amor que você tem pelo Pai, porque o Pai Divino é o espírito de tudo na criação, exceto da Mãe Divina. E quando esse amor se tornar tão grande que não puder mais ser contido em você, deixe que ele vá para o céu com a sua intenção. Desta vez também, você pode enviar o seu amor para o céu dentro de uma pequena esfera, se assim desejar."

Sri Yukteswar diz para colocar o seu amor numa pequena esfera e, com a sua intenção, enviá-lo para o céu. Ele diz para enviá-lo para a rede de consciência da unidade ao redor da Terra. Se você não souber o que é essa rede, não se preocupe, apenas faça como a maioria dos povos nativos do mundo: envie o seu amor para o Sol. Tal como as redes, o Sol está conectado a todos os outros sóis e estrelas e, por extensão, a toda a vida em todos os lugares. Alguns povos, como os hopis, do sudoeste dos Estados Unidos, enviam o seu amor para o Grande Sol Central, que é um conceito que nem todas as pessoas têm, mas que é igualmente válido. Escolha uma maneira, não importando qual. O propósito é que o seu amor chegue a toda vida em todos os lugares.

Sri Yukteswar continuou: *"Uma vez que o seu amor tenha sido enviado para o Pai Divino, espere um pouco mais; espere o Pai enviar o seu amor de volta para você. E, é claro, ele sempre faz isso. Você é para sempre o(a) filho(a), e o Pai Divino sempre, sempre amará você.*

E como no caso do amor da Mãe, quando sentir o amor do Pai Divino entrar em seu corpo, deixe que ele vá para onde quiser. È o amor do seu Pai, e esse amor é puro".

A Santíssima Trindade Está Viva

"Neste momento, uma coisa que raramente acontece está se manifestando: a Santíssima Trindade está viva na Terra. A Mãe Divina e o Pai Divino estão unidos a você em puro amor, e você, a Criança Divina, completa o triângulo."

Segundo Sri Yukteswar, é somente nesse estado particular de consciência que Deus pode ser conhecido diretamente. E, assim, o passo final dessa meditação é tornar-se consciente da presença de Deus — em todos os lugares ao seu redor e dentro de você.

Para essa parte da meditação, Sri Yukteswar originalmente me ensinou um caminho muito complexo para perceber a presença de Deus. Entretanto, após falar com vários anciãos em várias tribos do mundo, eu sinto que podemos simplificar o caminho para chegar a esse estado final de consciência. O caminho é realmente simples: quando estiver na Santíssima Trindade, você pode ter essa experiência simplesmente abrindo o seu coração para a presença de Deus. Por alguma razão que só Deus conhece, a Sua presença é facilmente perceptível no estado da Santíssima Trindade.

Sri Yukteswar deu-me o nome dessa meditação: A Respiração da Unidade. Deus está sempre em toda parte, embora os seres humanos nem sempre O percebam, mas a meditação da Respiração da Unidade leva você direta e conscientemente para a Sua presença.

Para algumas pessoas, esse estado de consciência é tudo o que é necessário para completar todos os ciclos criados pela vida, ou, dizendo de outra maneira, é o portal para todas as cerimônias sagradas da vida, tais como o nosso nascimento para este mundo, o casamento sagrado e até mesmo a morte. Segundo os povos nativos dos Estados Unidos, até mesmo as cerimônias da plantação e da colheita precisam dessa conexão particular com o Grande Espírito para que as plantações cresçam e sejam saudáveis.

O caminho natural é cocriar com Deus, ou Grande Espírito, para auxiliar os ciclos da natureza a trazer equilíbrio para a vida. De acordo com a Bíblia, nós somos os mantenedores do Jardim (ou da Natureza), conforme descrito na história de Adão e Eva, e ainda o somos nestes tempos modernos, mas nos esquecemos do nosso propósito. Sem essa conexão interior com Deus ficamos separados e perdidos, daí a razão dessa meditação de Sri Yukteswar ser a passagem que conduz à lembrança de Deus, e à entrada para o espaço sagrado do coração e à sua lembrança.

Subindo no Palco

Nesse momento, Sri Yukteswar ficou muito sério. Olhou-me direto nos olhos e disse:

— Drunvalo, eu quero que você suba no palco hoje e ensine às pessoas presentes a meditação que eu acabei de lhe ensinar.

Disse isso me olhando com a firmeza de quem tem certeza do que diz, e achei que não devia desobedecê-lo. Então, ele se curvou numa reverência e desapareceu.

Lembro-me de ter ouvido as batidas na porta dizendo que era a minha vez de ir para o palco. Lembro-me também de ter levantado, confuso. Eu não sabia o que fazer. Havia planejado o que iria dizer e fazer, mas o que acabara de acontecer tinha modificado tudo. Disse ao funcionário que iria em um minuto, fechei a porta e rapidamente chamei os anjos. Eles me aconselharam a seguir as instruções de Sri Yukteswar, dizendo que eu acabaria entendendo. Eu assim fiz, e realmente compreendi por quê.

Quando fiquei de frente para a plateia disse a todos o que acabara de acontecer, e que nós entraríamos no estado de meditação que Sri Yukteswar tão veementemente recomendara que experimentássemos. Em seguida, os conduzi através das várias etapas, enquanto seguia as minhas próprias palavras. Então, houve um silêncio e uma imensa felicidade.

Muito tempo depois, fui tirado da minha meditação por um rapaz puxando minha manga e dizendo que deveríamos fazer uma pausa para o almoço em dez minutos. Todos na sala estavam em meditação profunda, à exceção dos que cuidavam do grupo. Pedi então às pessoas que retornassem lentamente, mas, pela primeira vez na vida, eu vi que muitos na audiência estavam em meditação tão profunda que não conseguiam ou não queriam sair dela.

Depois de várias tentativas de fazer todos voltarem, ainda havia umas trinta pessoas que simplesmente não queriam retornar. Então, enviamos os assistentes que cuidavam do grupo para trazê-los individualmente de suas meditações, o que levou todos finalmente a voltarem — com a exceção de um rapaz, que chegamos a pensar que tivesse que ser levado ao hospital. Depois de talvez uns vinte minutos, enquanto todos os outros já almoçavam, ele finalmente abriu os olhos.

Tudo o que pude pensar foi, "O que aconteceu?" Eu tinha passado por uma experiência cujos efeitos permaneceram comigo além da minha meditação. Podia ainda sentir o amor da minha Mãe, do meu Pai, e a presença de Deus em todos os lugares e em todas as coisas. Foi maravilhoso.

Com o passar dos anos, aprendi a ser cauteloso com relação à Meditação da Respiração da Unidade. Quando se entra nesse estado, não se deseja sair dele prematuramente, pois o sentimento é bom demais. Portanto, se você praticar essa meditação, procure dar a si mesmo tempo suficiente para concluí-la naturalmente. Desligue os telefones e tome as providências necessárias para não ser perturbado sem limite de tempo, e então deixe que a experiência desabroche como uma flor de verão.

É Muito Simples

Agora que você já conhece a Respiração da Unidade, procure sempre entrar nesse estado de consciência antes de entrar no espaço sagrado do coração. De outro modo, não importa o quanto você se esforce para encontrar o espaço sagrado, ele se esquivará de você e se ocultará, sem deixar rastro.

Depois que tiver atingido o nível de consciência proporcionado pela Respiração da Unidade, você verá que ficará cada vez mais fácil chegar a esse espaço, até que, finalmente, permanecerá nele o tempo todo. Esse é o estado ideal, segundo todos os meus mentores que conhecem os detalhes dessa meditação.

Acredito que a Respiração da Unidade crie uma vibração em seu interior que permite que você encontre o Santo Graal, o espaço sagrado do coração, o lugar onde Deus originalmente criou tudo o que existe. É muito simples. Tudo o que você sempre procurou está bem aí, dentro do seu coração.

Capítulo Seis

Saindo da Mente e Entrando no Coração

Primeiro Exercício — Movendo-se pelo Corpo

Segundo Exercício — Entrando no Coração

Terceiro Exercício — O "Om" da Cabeça e o "Aaah" do Coração

Dois Caminhos para o Espaço Sagrado do Coração

A Respiração da Unidade é o pré-requisito para entrar no espaço sagrado do coração. Porém, existem ainda dois outros grandes obstáculos que é preciso vencer para que essa entrada seja realmente possível.

Primeiramente, a Respiração da Unidade por si só não é suficiente para a consciência ocidental encontrar esse espaço secreto. Por quê? Porque a sua mente sempre cria uma ilusão para afastá-lo da verdade, e sempre diz, "Não ouça o seu coração, somente eu conheço a Fonte. Siga a mim, e a minha lógica, e tudo será perfeito. Minha ciência é o único caminho para conhecer a verdade." Usando o raciocínio e a lógica, a sua mente o manterá dentro de sua cabeça. Entretanto, enquanto você permanecer lá, dentro de sua cabeça, dentro do seu crânio, você nunca será capaz de encontrar o seu espaço sagrado do coração. Há muitos milhares de anos, a mente esconde o poder do coração para muitas pessoas.

Em segundo lugar, é necessário conhecer a mobilidade do espírito dentro do corpo humano. Sem esse conhecimento, nenhum esforço para atingir o espaço sagrado do coração produzirá resultado. É preciso descobrir que o espírito pode, literalmente, sair da cabeça e da mente e entrar no estado de consciência e inteligência completamente alterado que existe dentro do coração.

A partir da minha própria experiência e da de milhares de outras pessoas, descobri que superar o processo mental humano é algo muito fácil de conseguir desde que se saiba claramente o que é necessário fazer. Se você apenas se sentar e ouvir ou responder aos seus pensamentos, permanecerá preso em sua cabeça, os seus pensamentos continuarão perpetuamente e imobilizarão você.

Há alguns sistemas de meditação que ajudam a superar ou a evitar a mente, tais como a meditação Vipassana, na qual a pessoa permanece sentada em meditação por muitas horas até que um ponto de repouso seja atingido. Mas há um caminho mais simples, que consiste no espírito deixar a cabeça e a mente de uma só vez, e que é o único caminho para entrar no espaço sagrado do coração que eu conheço.

Poucas vezes encontrei alguém que soubesse que o espírito pode se mover dentro do corpo humano, e a maioria das pessoas olha para mim como se eu fosse louco quando falo sobre esse assunto. Porém, muitos povos nativos o compreendem completamente, e vivenciam exatamente isso em seus processos espirituais.

O espírito humano está separado do corpo. Quando morremos, nós (o nosso espírito) deixamos o corpo e retornamos a um mundo que parece separado deste em que estamos. O corpo humano é como um revestimento, nós o usamos para ser humanos e o tiramos para ser outra coisa. Em meus estudos, eu verifiquei que, neste ponto da história, o espírito humano normalmente está focado na glândula pineal, no centro da cabeça. Porém, a localização do espírito nessa glândula significa vivenciar o corpo humano vendo o mundo através dos olhos, e sentir como se o mundo exterior estivesse separado de nós mesmos.

Parece que estamos exatamente atrás dos olhos, apesar de podermos sentir outras partes do nosso corpo. A maioria de nós já teve a experiência de colocar a atenção em outras partes do corpo, como, por exemplo, a mão ou o pé, mas ainda fazemos isso com o espírito localizado na glândula pineal.

Há outros modos de vivenciar o corpo humano, e é um desses modos alternativos que eu desejo ensinar a você agora. É preciso que você compreenda e experimente esta parte antes que possa continuar em sua procura pelo seu espaço sagrado do coração.

Primeiro Exercício — Movendo-se pelo Corpo

Será fácil fazer este primeiro exercício se você pensar nele como um jogo, e mais fácil ainda se ver a si mesmo como uma criança.

Não leve esse jogo a sério; a seriedade, que provém da mente, somente prejudicará o resultado desse exercício. Apenas divirta-se, pois é exatamente a sua natureza infantil que permitirá que você entre com facilidade no coração, e não o processo de pensamento adulto e calculista de sua mente.

- Coloque a atenção na sua mão direita. Sinta o redor de sua mão e "esteja" lá o mais que puder. Seu espírito ainda está na sua cabeça, sentindo a sua mão? Essa é a situação normal. (Estou pedindo a você para fazer isso, pois será disso que eu *não* vou falar; focalizar a sua mão é permanecer na sua cabeça.)
- Pense em seu espírito, em você, como algo separado do seu corpo. Veja seu espírito talvez como uma pequena esfera de luz, do tamanho de uma bola de gude.

Na próxima etapa nós vamos sair da cabeça, na forma de uma pequena esfera de luz, e iremos para o chakra da garganta. Mas primeiro vamos ter uma conversa intelectual, para preparar a mente.

Pense num edifício alto, com um elevador instalado do lado de fora. O elevador é feito de vidro, de modo que, do seu interior, você pode ver tudo o que se passa fora dele; você vê todo o edifício enquanto desce do último andar até o chão, e percebe o topo do prédio se afastando de você. Sua posição relativa vai mudando e você consegue realmente ver o edifício em diferentes posições, certo?

- Agora feche os olhos (isso é importante) e use apenas a sua imaginação para ver. "Veja" a si mesmo como uma pequena esfera de luz movendo-se para baixo como num elevador, indo da glândula pineal, ou da área da cabeça, até o chakra da garganta. Em seu movimento para fora da cabeça, você verá, na sua imaginação, sua cabeça física afastando-se de você, exatamente como se fosse o topo do prédio. Não pense sobre esse processo, pois isso certamente interferirá com o que você está fazendo. Apenas participe do jogo.

- Quando chegar ao chakra da garganta, você verá, ou sentirá, com sua visão interior, a sua cabeça bem acima de você, e parecerá que você está olhando pela sua garganta. Sinta a suavidade dela ao seu redor. Parecerá que você está no mesmo nível dos seus ombros. Tente fazer isso, você é capaz!
  Se não conseguir na primeira vez, então pare, relaxe e lembre-se de fazer o exercício como se ele fosse um jogo. Continue tentando até que, com a sua visão interior, você consiga ver ou sentir o seu espírito saindo de sua cabeça e movendo-se para sua garganta.
- Volte para a cabeça. Com a sua visão interior, você verá ou sentirá o seu corpo descendo, enquanto seu espírito se aproxima do interior de sua cabeça, ou crânio.
  Quando estiver novamente na cabeça, certifique-se de que ela está voltada para a direção certa, de frente para os seus olhos. (Você pode achar isso engraçado ou óbvio, mas algumas pessoas realmente retornam à cabeça voltadas para a direção errada e isso as deixa desorientadas. Provavelmente isso não acontecerá a você, mas, se ocorrer, simplesmente vire-se na direção dos seus olhos e tudo voltará ao normal rapidamente.)
- Agora saia da cabeça e desça para a garganta novamente. Chegando ali, perceba o tecido macio ao redor da garganta.
- Volte à cabeça, vendo a mudança com a sua visão interior. Uma vez ali, desta vez perceba a rigidez e a solidez do osso do crânio circundando você. Sinta a diferença.
- Novamente, desça até a garganta e sinta a delicadeza do tecido ao seu redor. Perceba a diferença.

- Agora iremos mais adiante. Saia da garganta e vá para o ombro direito. Em sua visão interior, considerando que você ainda está voltado para a frente de seu corpo, perceba a cabeça deslocada com relação ao seu lado esquerdo. Sinta os ossos do ombro.
- Continue descendo pelo braço até a mão direita, e entre na palma da mão. Veja os dedos ao seu redor. Muitas vezes eles parecerão ser muito grandes, já que, nesse momento, você está muito pequeno. Sinta os dedos ao seu redor.
- Retorne ao ombro, e dali para a garganta. Sempre pare na garganta como um ponto de referência, antes de voltar à cabeça. Agora retorne para o interior da cabeça, tendo a certeza de que está voltado para a frente, na direção dos olhos. Sinta a rigidez do crânio ao seu redor.

♥ ♥ ♥

Você completou o primeiro exercício. Se desejar, pode continuar a praticar movendo-se para diferentes partes do seu corpo. Deixe o coração para outra ocasião, mas pode ir a qualquer outro lugar que escolher. É o seu corpo. Sempre volte para a garganta e pare ali por tempo suficiente para se reorientar antes de retornar à cabeça.

Segundo Exercício — Entrando no Coração

A esta altura já estamos prontos para entrar no coração, mas não vamos ainda para o espaço sagrado do coração. Antes disso, você precisa sentir a diferença entre a cabeça e o coração.

- Comece da maneira como acabou de aprender, fechando os olhos e saindo da cabeça e descendo para a garganta.

- Quando achar que é o momento certo, siga na direção do seu coração físico, e não para o(s) chakra(s) do coração. Sinta ou veja o seu coração com a sua visão interior, e sinta-se indo na direção dele. Quando chegar ali, continue e passe através da membrana, chegando no coração propriamente dito.
- Ouça e sinta o coração batendo. Sinta a maciez do tecido à sua volta. Sinta a diferença entre essa maciez e a rigidez do crânio. O coração é feminino e o crânio é masculino. Isso é tão óbvio!
- Embora você possa ficar no coração o tempo que quiser, provavelmente é melhor que não permaneça mais do que cinco minutos. Não se preocupe com o Espaço Sagrado nesse momento. Apenas sinta como é estar dentro do coração.
- Quando achar que chegou o momento, saia do coração através da membrana e continue até a garganta. Pare por um instante para sentir a garganta, e depois continue até a cabeça. Certifique-se de estar corretamente alinhado com os seus olhos.
- Sinta como é estar de volta à cabeça novamente, e compare essa sensação com a sensação de estar no coração. Sinta a rigidez do crânio e a compare com a maciez do tecido do coração.

♥ ♥ ♥

Você terminou o segundo exercício.

Terceiro Exercício — O "Om" da Cabeça e o "Aaah" do Coração

Agora faremos o último exercício por três vezes completas. Quando estiver na cabeça, emita um longo som "Om" e, quando estiver no coração, emita um longo som "Aaah". Estou pedindo que você use a sua voz para emitir cada um desses sons nos locais apropriados. Este exercício é sutil, mas realmente ajuda a compreender, no nível celular, tudo o que você fez até esse ponto.

- Comece fechando os olhos e sentindo o crânio duro ao seu redor. Entoe o som "Om" uma vez com a sua voz. Enquanto fizer esse som, sinta como ele ressoa dentro de seu crânio. Sinta-o.
- Agora desça para a garganta e pare nela por um instante. Em seguida, vá para o coração, e veja-o se aproximando com a sua visão interior. Entre no coração e sinta seu espaço interior.
- Emita o som "Aaah" uma vez e sinta como ele ressoa na maciez do coração. De novo, sinta-o.
- Saia do coração e suba para a garganta. Espere um momento, e então continue para a cabeça. Sinta a rigidez do crânio e emita o som "Om".
- Repita essas etapas mais duas vezes; depois apenas sente-se e sinta como esses dois lugares são diferentes — tão diferentes quanto o masculino e o feminino.

♥ ♥ ♥

Você acabou de completar o terceiro exercício.

Dois Caminhos para o Espaço Sagrado do Coração

Quando os kogis da América do Sul me ensinaram essa meditação, eles frisaram que o melhor caminho para entrar no espaço sagrado do coração consistia em ficar de pé num cômodo completamente escuro, com os olhos fechados, sem comer nenhum tipo de alimento, nem beber sequer água e sem dormir por nove dias e nove noites. Disseram que, fazendo isso, a Mãe Terra viria e o caminho seria mostrado.

O estilo de vida dos kogis permite esse tipo de meditação, mas para nós ele representaria um enorme abismo a atravessar. Esse povo, que compreende muito pouco da sociedade tecnológica, pediu-me que ensinasse as pessoas a entrar no espaço sagrado do coração dessa maneira, mas eu sabia que esse caminho traria sérios problemas. Eu lhes disse que essa meditação de nove dias seria impossível para quase todas as pessoas do mundo moderno. Talvez houvesse algumas capazes de fazê-lo, mas, se quisessem atingir o mundo todo, nós teríamos que encontrar outro caminho.

Diante disso, pedi ajuda à minha orientação interior e, lentamente, dois outros caminhos começaram a surgir. Estou certo de que há outras maneiras de entrar no espaço sagrado do coração, mas esses dois caminhos realmente funcionam. Não importa como você vai encontrar o seu caminho para entrar no coração, desde que ele seja puro, você será capaz de se manter ali.

Entrar no espaço sagrado do coração não envolve um processo de aprendizado. Trata-se mais de um processo de recordação, porque nós sempre estivemos nesse espaço, desde o início. Nós optamos por desviar a nossa atenção para essa forma de consciência polarizada, mas, tão logo tenhamos aprendido a lição, retornaremos ao estado primordial de unidade.

O primeiro caminho que experimentei foi baseado na descoberta do HeartMath Institute de um campo toroidal ao redor do coração — em particular, na descoberta de um toroide pequeno dentro do toroide maior. A premissa era de que a fonte real desse enorme campo eletromagnético estava dentro do espaço sagrado do coração. Portanto, se alguém seguisse as linhas geométricas de energia desse campo, elas o conduziriam diretamente para dentro desse espaço sagrado. E o que eu constatei é que isso é verdade — elas realmente conduzem.

Esse primeiro método é masculino por natureza, o que significa que ele pode ser comunicado a qualquer outra pessoa e que, se essa pessoa fizer exatamente o que ele determina, o resultado será sempre o mesmo. Infelizmente, os métodos masculinos não funcionam muito bem nas mulheres. O segundo método, feminino por natureza, é tão simples que precisei de um bom tempo para conseguir vê-lo.

No capítulo seguinte, nós reuniremos todas as instruções num único método completo, para chegar até o espaço sagrado do coração. Por enquanto, você apenas precisa entender mentalmente o que está sendo pedido. A experiência real logo acontecerá — nós iremos para o lugar onde o coração físico estará à nossa frente e, nesse momento, com a nossa visão interior, veremos ou sentiremos o campo toroidal situado ao redor do coração e focalizaremos nossa atenção no pequeno toroide interno.

O Caminho Masculino para o Coração

O caminho masculino é o seguinte: quando você se dirigir para o coração e vislumbrar o campo toroidal menor, coloque-se acima dele até conseguir ver o toroide de cima para baixo. Esse campo de energia é um vórtice, como já expliquei, que gira como água escoando pelo ralo. Sua rotação é mais lenta ao longo da borda externa, e se torna cada vez mais rápida à medida que vai se aproximando do centro, por onde então cai — de novo como água escoando pelo ralo. Para algumas pessoas, o vórtice gira no sentido dos ponteiros do relógio, e para outras ele gira no sentido contrário. O sentido de sua rotação pode ser relacionado a preferências sexuais, e não parece importante.

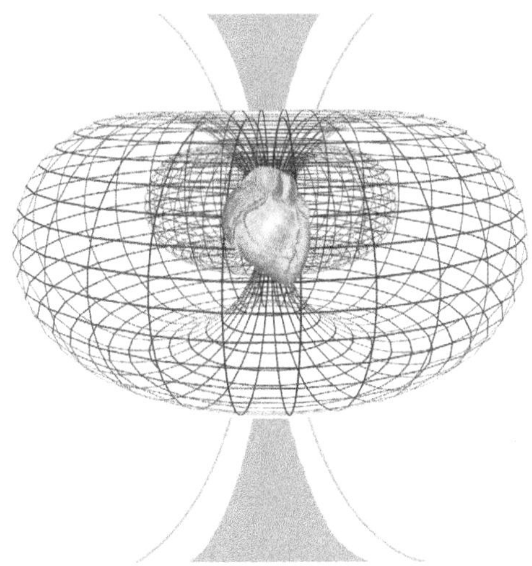

Os campos toroidais do coração

Nesta meditação, quando você vislumbrar o topo do campo toroidal, veja ou sinta para que lado ele gira. Então, como uma folha flutuando num rio, deixe seu espírito descansar sobre sua espiral de energia.

Comece a sentir que você próprio está girando — de início devagar, mas, à medida que se aproxima do centro, cada vez mais rápido, até finalmente entrar no centro e começar a cair. Nada há nada a temer, apenas solte-se e caia. Num instante você perceberá que tudo está muito, muito calmo. Assim como estar no olho de um furacão, você agora está no espaço sagrado do coração. Sim, você realmente chegou lá.

O Caminho Feminino para o Coração

Como mencionei, este caminho é tão simples que eu não consegui vê-lo imediatamente. As instruções são fáceis, e a experiência será diferente para cada pessoa que usar esse método. Não importa se o seu corpo é masculino ou feminino, mas, se o seu caminho é seguir o coração, então esse é o melhor caminho para você.

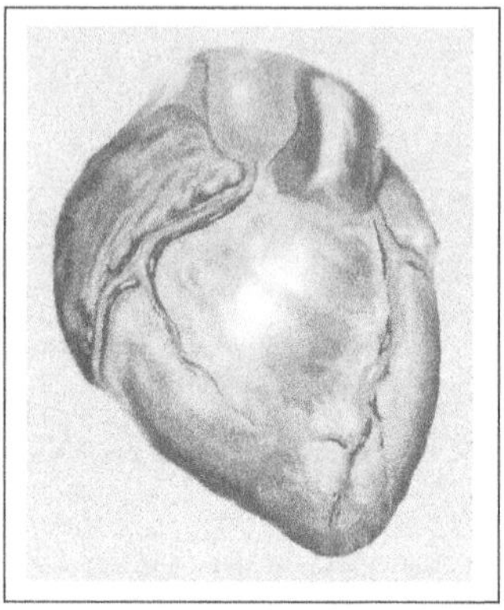

No caminho feminino, tudo o que você tem que fazer é ver ou sentir a si mesmo se aproximando do coração e então atravessar a sua membrana, exatamente como fez antes. A única diferença é que, desta vez, você deve deixar a sua natureza psíquica feminina assumir o controle e permitir que a sua intuição o guie até o espaço sagrado do coração. Então, solte-se e vá, sabendo que você está indo diretamente para esse espaço sagrado.

♥ ♥ ♥

Experimente um desses caminhos e, se não funcionar, experimente o outro. Lembre-se, você é filho(a) de Deus. Você conhece esse lugar, porque você e Deus sempre foram Um ali. Sempre.

Capítulo Sete

A Meditação do Espaço Sagrado do Coração

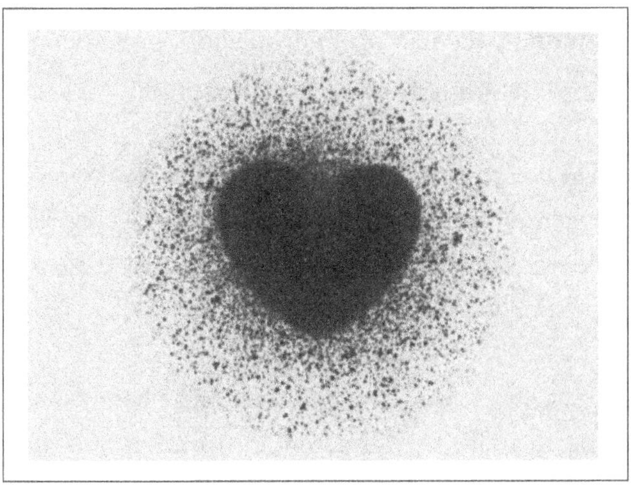

Preparando-se para a Meditação

A Respiração da Unidade

Escolha seu Caminho para Entrar no Coração

Explorando o Espaço Sagrado do Coração pela Primeira Vez

Retornando ao Espaço Sagrado do Coração

Chegou o momento de agir, de realmente passar pela experiência do seu espaço sagrado do coração. Se você assim quiser, as palavras deste capítulo o conduzirão para aquilo que milhares de pessoas já experimentaram, o santo dos santos — o seu próprio coração, a fonte da criação.

Não tenha nenhuma expectativa. Seja apenas uma criança e brinque com as possibilidades. Se a sua experiência for real, você logo saberá. Lembre-se de que Jesus disse que, a menos que sejamos como criancinhas, não entraremos no reino dos céus.

Preparando-se para a Meditação

Encontre um lugar que seja perfeito para você meditar, e nele monte um altar simples, com uma vela e flores frescas. Escolha um lugar em que você não será perturbado, pois isso não somente facilitará a sua meditação, como também assegurará o seu retorno tranquilo.

Use um travesseiro para apoiar a coluna se estiver sentado no chão. Se se sentar numa cadeira, deixe os pés com as solas pousadas ao chão e mantenha as costas retas e na posição vertical. Se estiver de pé, encontre o seu centro de gravidade e balance suavemente, como seu corpo desejar.

O ideal é fazer essa meditação num lugar bem escuro — quanto mais escuro, melhor. Na realidade, no início até mesmo a vela pode interferir nessa meditação. Porém, depois de alguma prática, não será tão importante que o local esteja completamente escuro, já que você será capaz de entrar nesse lugar apenas fechando os olhos. Mas, no princípio, a escuridão ajuda. Melhor ainda será usar uma máscara "Mindfold"*, ou outra venda qualquer que blo-

* Máscara de plástico flexível e revestimento de espuma, com recortes que acomodam os olhos e possibilitam escuridão total, mesmo com os olhos abertos. Ideal para dormir ou para praticar meditação. Produto vendido pela Internet, em sites como www. amazon.com.

queie a luz completamente. Neste caso, não importará se o cômodo estiver ou não completamente escuro.

Feche os olhos e comece a respirar ritmicamente, de modo que a inspiração e a expiração durem o mesmo tempo. Respire suave e confortavelmente. Siga seu padrão de respiração e liberte-se dos pensamentos sobre o mundo; esqueça suas preocupações por um tempo. Siga sua respiração por alguns minutos até que esteja relaxado e confortável. Não há pressa. O tempo não existe no lugar para onde você vai.

Quando estiver pronto, desvie a atenção da respiração para a uma visão interior e comece a meditação da Respiração da Unidade, que é o ponto de partida para todas as cerimônias sagradas.

A Respiração da Unidade

Para uma ampla descrição da meditação da Respiração da Unidade, consulte o Capítulo Cinco.

- Visualize um lugar na natureza que você ache maravilhoso, com tantos detalhes quanto possível. Se você for daquelas pessoas que não vê, mas que percebe as coisas de outras maneiras, então use essas outras maneiras de "ver"; cada um de nós tem seu jeito próprio. Sinta o amor que você tem pela natureza e pela Mãe Terra. Deixe que esse amor cresça em seu coração, até senti-lo em todo o seu corpo.
- Quando for o momento certo, acondicione o seu amor numa pequena esfera e, com a sua intenção, envie-o profundamente para dentro da Terra, até o seu centro. Deixe que a sua Mãe Divina saiba o quanto você a ama. Deixe-a sentir o seu amor. Então espere que a Mãe Terra retribua, enviando o Seu amor para você.
- Quando sentir o amor enviado pela sua Mãe entrar em seu corpo energético, deixe-o se mover como e para onde quiser.

Apenas se entregue. Sinta o fluxo de amor entre você e a Terra. Você pode permanecer assim tanto quanto quiser.

- Quando parecer o momento certo, e sem quebrar o fluxo de amor entre você e sua Mãe Divina, desloque sua atenção para o Pai Divino. Em sua visão interior, veja ou sinta o céu noturno, a Via Láctea e as profundezas do espaço sideral. Veja os planetas e a Lua brilhando no céu noturno e sinta a presença do Sol, oculto bem abaixo da Terra.
- Deixe-se sentir o amor que você tem por todo o restante da criação e pelo Pai Divino. Quando sentir que é o momento, coloque seu amor numa pequena esfera e o envie para o céu, com a intenção de que vá diretamente para o seu Pai Divino. Envie-o para as redes ao redor da Terra, para o Sol ou para o Grande Sol Central. Deixe que seu Pai saiba como você se sente, e espere.

  Espere que o amor de seu Pai Divino venha para a Terra e entre em seu corpo. Quando isso acontecer, deixe que esse amor se mova como e para onde quiser. Não tente controlar esse amor, apenas sinta-o.
- Neste momento, a Santíssima Trindade está viva na Terra. A Mãe Divina, o Pai Divino e você, a Criança Divina, estão unidos pelo mais puro amor. É um momento sagrado; portanto, apenas esteja com os seus pais divinos e sinta o amor.
- Desse lugar de puro amor, abra-se para a consciência da presença de Deus, que está em tudo ao seu redor e que vive dentro de você. Simplesmente esteja ciente e sinta essa união de forças cósmicas, e respire o alento da vida.

Escolha seu Caminho para Entrar no Coração

Escolha o modo pelo qual você deseja entrar no espaço sagrado do coração — se usando o vórtice masculino do campo toroidal, ou o caminho feminino de sua intuição. Não importa o método que você escolher, a decisão é inteiramente sua.

- Com sua intenção e força de vontade, saia de sua mente e desça até a garganta. Sinta sua garganta ao seu redor, e depois siga para o seu coração físico.

  Se escolher o caminho toroidal masculino, eleve-se um pouco acima do coração até que sua visão interior possa ver ou sentir o campo toroidal interno, o vórtice. Então, como uma folha num rio, deixe seu espírito flutuar sobre o vórtice rodopiante, no sentido em que ele estiver girando. Sinta-se girando e girando até cair no centro do vórtice. Continue caindo até sentir uma calma imobilidade. Você está agora no espaço sagrado do coração.

  Se tiver escolhido o caminho intuitivo feminino, veja ou sinta o coração se aproximando e atravesse sua membrana até o seu interior. Uma vez lá dentro, deixe seus movimentos a cargo da sua intuição e permita que ela o guie diretamente para o espaço sagrado do coração.
- Você está ali, e a primeira coisa que faz é olhar ao redor. Se estiver escuro, o que pode ser bem o caso, diga em seu mundo interior, "Que se faça a luz", e veja ou sinta a escuridão se transformando num mundo iluminado.
- Assim que puder ver ou sentir o espaço sagrado do coração, note a vibração, o som que permeia esse lugar. Escute esse som por um tempo. Quando achar que é o momento certo, comece a fazer o som de um zumbido (huuuum), e faça-o tão parecido quanto puder ao som que você escuta com a sua audição interior. Tente duplicá-lo. Mantenha o zumbido com a voz, e então comece a explorar esse espaço sagrado.

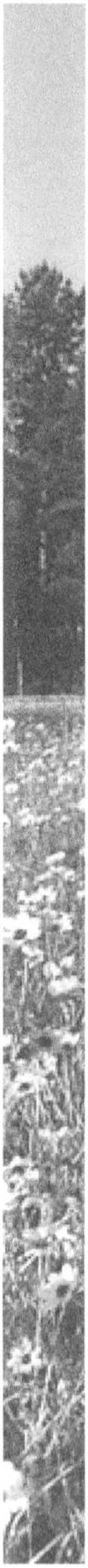

Explorando o Espaço Sagrado do Coração pela Primeira Vez

A aventura começa. Alguns se recordarão imediatamente de que já estiveram lá milhões de vezes, enquanto outros sentirão que essa é a primeira vez. Independentemente do que você sentir, existem algumas coisas que você precisa saber.

O espaço sagrado do coração é mais antigo do que a própria criação, e já existia antes mesmo das galáxias dentro das quais vivemos. Você registrou nesse espaço todos os lugares por onde já viajou, dentro dessa criação. E, assim, primeiramente você pode começar a se lembrar do que isso se trata, do que a vida realmente é.

Nesse espaço, você registrou o desejo mais profundo do seu coração de querer se manifestar e viver, mais do que qualquer outra coisa ou acontecimento. Tudo está ali para você se lembrar, em primeiro lugar do seu propósito ao ter vindo para a Terra — tenha esta vinda ocorrido em tempos recentes ou imemoriais —, a própria razão para você estar aqui. Você pode começar a explorar esses registros, ou pode deixar que a sua intuição o guie novamente. No final, porém, tudo lhe será revelado, já que você mesmo estabeleceu como e quando isso ocorrerá.

Em sua primeira viagem dentro do espaço sagrado do coração, pode ser melhor limitar a sua estadia a menos de trinta minutos. Você pode usar um alarme, ou ter alguém para trazê-lo de volta numa dada hora. Esse espaço sagrado é muito sedutor, e é necessário ter experiência para aprender quanto tempo se deve ficar lá. Convém começar com um tempo mais curto, e deixar que esse tempo vá aumentando à medida que se vai aprendendo.

Retornando ao Espaço Sagrado do Coração

É quando entra no espaço sagrado do coração pela segunda vez que você deve encontrar o espaço dentro do espaço, aquilo que os Upanishads chamam de "o minúsculo espaço dentro do coração". Anteriormente, neste livro, eu disse que há um pequeno espaço dentro do espaço sagrado do coração que é extremamente importante. Eu peço que você encontre esse espaço usando a sua intuição, quando entrar no coração pela segunda vez. Esse lugar mudará tudo.

Entrar no espaço sagrado do coração pela segunda vez é muito mais fácil e mais rápido. Com a prática, você acabará descobrindo que é capaz de entrar em seu espaço sagrado em questão de segundos.

- Simplesmente feche os olhos e confirme seu amor pela Mãe Terra e pelo Pai Céu, sentindo a emoção do amor que conecta vocês.
- Sinta-se saindo da cabeça e indo para a garganta. Dali, vá até o coração e comece a emitir o som de zumbido, que você sabe existir no espaço sagrado do seu coração. A vibração desse som "huuumm" o levará rapidamente de volta para o seu espaço sagrado — e você está lá. É muito fácil quando se conhece o caminho.
- Com a sua intenção, deixe-se guiar para o pequeno espaço dentro do espaço sagrado do coração. Esse espaço é diferente para cada pessoa, mas tem qualidades semelhantes para todos.
- Quando você souber que encontrou esse espaço de criação, entre nele e se familiarize com o seu jeito.

  Perceba que a sua vibração é mais aguda; perceba que esse pequeno espaço é completamente diferente de qualquer outro lugar no coração. Foi ali que a criação começou. Pode levar algum tempo ou você pode perceber imediatamente que está no lugar certo. O Criador de toda a vida reside nesse espaço, e dentro dele todas as coisas são possíveis.

♥ ♥ ♥

Alunos me mostraram que uma das maneiras mais fáceis de ver Deus consiste em pedir à pessoa que você mais ama para estar com você nesse espaço interior. Se você tiver mais de uma pessoa a quem ama muito, então escolha uma. Você viu o filme *Contato*, com Jodie Foster? A raça avançada apresentou-se ao ser da Terra que explorava consciências mais elevadas como sendo o seu pai, a quem ela amou mais do que a qualquer outra pessoa. Isso tornou mais fácil para ela aceitar o que estava acontecendo.

Assim, convide para estar ali com você a pessoa que você mais ama, não importando se ela está viva ou se já fez sua transição para outros mundos, visto que nesse lugar todos os corações estão intimamente conectados. Quando essa pessoa aparecer no seu espaço interior com você, não há regras. Apenas deixe acontecer, pois Deus saberá exatamente o que fazer.

Retorne ao espaço sagrado do seu coração todos os dias, e continue a explorá-lo. É seu direito nato se lembrar de quem você realmente é e o que está fazendo aqui na Terra. Você é um incrível filho de Deus, sonhando que é um ser humano num pequenino planeta no meio do nada. O que acontece quando você se lembra quem é? Isso somente você pode saber.

Agora você conhece o seu caminho para *Casa*. Dentro do espaço sagrado do coração, foram criados todos os mundos, todas as dimensões, todos os universos, a criação toda. E ligados através do seu coração, estão todos os corações, de toda a vida, em todos os lugares!

Capítulo Oito

O Mer-Ka-Ba e o Espaço Sagrado do Coração

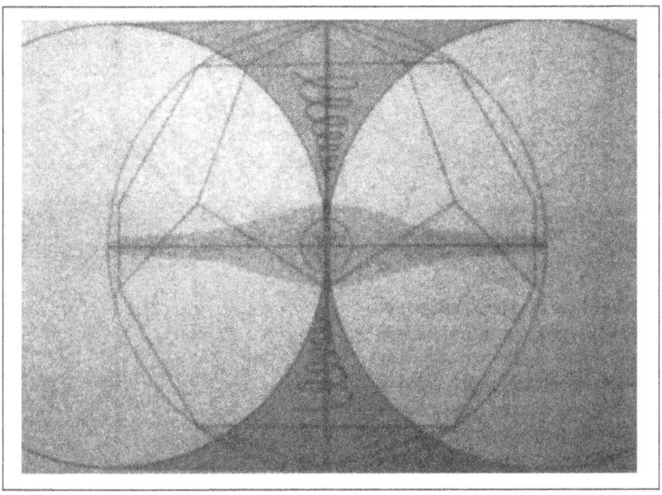

Combinando o Espaço Sagrado do Coração com o Mer-Ka-Ba

Os Anjos Explicam

Muitos alunos esperam pelo nível seguinte das instruções para o corpo de luz humano, o Mer-Ka-Ba. Eu levei quase 19 anos para obter essa informação, visto que tudo acontece no tempo certo e de acordo com a ordem divina.

Existe ainda um terceiro nível, ou parte, mas que está no futuro e virá quando Deus decidir. Neste momento, eu tenho apenas uma informação parcial sobre essa terceira parte final. Quando as três partes forem combinadas e vividas, a verdadeira ascensão poderá começar.

Muitas pessoas tomaram conhecimento dos ensinamentos sobre o Mer-Ka-Ba por meio dos dois volumes de *O Antigo Segredo da Flor da Vida*, ou estiveram em um dos meus seminários, ou mesmo assistiram à série de vídeos *Flor da Vida*, e então decidiram ensinar essas informações para outras pessoas. É lamentável para a Terra que isso tenha acontecido. Essas pessoas acreditam que o Mer-Ka-Ba está completo e que, alterando-o de algum modo, ele será capaz de levar ao nível "apropriado" de consciência. Isso não é verdade. Nenhum conhecimento da ciência do Mer-Ka-Ba que seja baseado apenas em formas de energia será capaz disso — não importando de onde ou de quem, no universo, ele tenha vindo.

A consciência Melchizedek, que é mais antiga que tudo nesta criação, testemunhou o começo da criação neste espaço/tempo/dimensão universo, que é apenas um de uma miríade de universos. A partir dessa experiência, a tradição Melchizedek entendeu que, ao viver as três partes da Meditação do Mer-Ka-Ba, o espírito individualizado é sempre trazido de volta à presença consciente de Deus dentro do espaço sagrado do coração — para começar de novo a criação, mas de uma nova maneira. E é exatamente a isso que a experiência do Mer-Ka-Ba acaba conduzindo.

Mas antes que isso possa acontecer, o espírito precisa se lembrar das três partes, combiná-las em uma única e viver a experiência completa. Neste capítulo e no próximo, você aprenderá a segunda parte — como combinar o espaço sagrado do coração com o campo Mer-Ka-Ba humano.

Se você ainda não aprendeu a Meditação do Mer-Ka-Ba, não há problema em se lembrar dela apenas dentro do espaço sagrado do coração. Acabará ficando claro que esse corpo de luz é uma parte necessária da sua experiência humana, mesmo dentro do espaço sagrado do coração, pois o Mer-Ka-Ba é o elo que liga o coração à mente de modo que o coração possa criar a partir dela.

Há um grande número de padrões geométricos do Mer-Ka-Ba, sendo mais de cem mil conhecidos pelo universo afora. Foi necessária toda a vida, desde o começo da criação, para compreender e relacionar esses padrões, ou formas, do Mer-Ka-Ba com a existência e a consciência.

A espécie humana está trabalhando somente com o primeiro e o segundo padrões possíveis, que são relacionados com a estrela tetraédrica. Embora haja muitos outros, esses outros padrões não são apropriados para a consciência humana desta era, não importando o que algumas pessoas digam. Na realidade, esses outros padrões seriam prejudiciais, em vez de benéficos.

Com o tempo, tudo será revelado. Nada será mantido em segredo, mas tudo tem sua hora certa. Você não deixaria seu filho de 3 anos dirigir um caminhão, certo?

Combinando o Espaço Sagrado do Coração com o Mer-Ka-Ba

Eu gostaria de relatar a minha experiência relacionada à combinação do espaço sagrado do coração com o Mer-Ka-Ba, porque essa história explicará muita coisa. No entanto, saiba que, quando chegar o momento de você ter a sua própria experiência, ela provavelmente será bem diferente da minha.

Minha experiência pareceu acontecer quase por acidente, mas certamente não foi esse o caso. Eu estava sentado respirando, na Meditação do Mer-Ka-Ba, e já tinha chegado ao meu espaço sagrado do coração. Entrei na minha caverna e andei até o espaço dentro do espaço sagrado. Sentei-me dentro do transbordante círculo cheio de água borbulhante e fiquei de frente para a parede — como já havia feito tantas vezes antes.

Sem pensar ou sentir nada em particular, simplesmente comecei a focalizar minha atenção na respiração, apenas sentindo o ar entrando e saindo. Com os olhos abertos, olhei para a parede de pedra à minha frente. A parede ficou transparente, como eu já tinha visto acontecer muitas vezes — exceto que, desta vez, os espaços dentro das pedras começaram a se preencher com uma luz branca e brilhante. A luz continuou a brilhar cada vez mais, até que a caverna desapareceu e eu fiquei imerso num campo de luz branca opaca, que me impedia de ver fora dele. Foi como estar cego.

Aquilo era muito incomum e foi a primeira vez que vi alguma coisa como essa. Eu não senti medo, mas, apesar disso, minha coluna ficou ereta e fiquei completamente alerta. Lembro-me da energia subindo pelo meu corpo, que pareceu com a primeira vez em que senti a Kundalini subindo pela minha espinha dorsal. Tudo parecia estar fora de controle. O que quer que aquilo fosse, estava apenas acontecendo e era muito poderoso.

Gradativamente, a luz branca diminuiu e pude ver meu corpo surgindo lentamente, ou flutuando, para fora da rocha sólida, através da superfície do planeta, saindo para o espaço ao redor. Levei um minuto para entender, mas então tive a certeza de que eu estava em meu Mer-Ka-Ba, subindo rapidamente para o espaço.

Instintivamente, eu sabia que o meu espaço sagrado do coração e meu Mer-Ka-Ba haviam de algum modo se misturado e se tornado uma coisa só, mas eu não tinha tempo para pensar nisso.

Olhei para trás e vi a área desse planeta, que me era tão familiar, ficando cada vez mais distante. Virei-me e olhei para o vasto espaço das estrelas e para o igualmente vasto espaço do planeta inteiro, abaixo de mim. Eu estava surpreso e extasiado. O que havia causado aquilo? Eu não sabia, e não tinha outra escolha a não ser observar o que estava acontecendo comigo.

Eu estava viajando num veículo de ascensão a cerca de um quilômetro e meio acima da superfície do planeta, voando numa velocidade muito alta. Abaixo de mim havia um mundo primitivo, cheio de matas, florestas, outras vegetações e vastos oceanos, mas ainda sem vida animal que eu pudesse ver ou cuja presença eu pudesse sentir. Tão logo comecei a pensar em chegar mais próximo da superfície, o veículo de ascensão desceu, exatamente como eu tinha desejado.

Por que isso estava acontecendo? O que estava se passando? Muitas perguntas surgiam na minha mente. De algum modo eu sabia que tudo aquilo era extremamente importante, embora, do jeito como estava acontecendo eu nada pudesse fazer, senão vivenciar a experiência e observar as cenas se desdobrarem.

E então me dei conta da presença de Deus em tudo ao meu redor, dentro de mim e em todos os princípios que me guiavam e proporcionavam a experiência, o que quer que fossem. Fui tomado por uma sensação de saber, e as respostas a todas as minhas perguntas começaram a preencher o meu entendimento, com cada uma delas sendo imediatamente seguida por uma resposta. Continuei a voar acima desse planeta, sentindo-me como se tivesse nascido num universo completamente novo, que nunca tinha visto antes. Foi realmente fantástico!

Talvez uma hora houvesse passado quando acordei, como se saísse de um sonho, com as imagens e os sentimentos de onde estivera ainda presentes. Durante dias não pude pensar em outra coisa.

Os Anjos Explicam

Os anjos vieram até mim pouco depois dessa experiência. Pareciam estar muito satisfeitos, e a luz que irradiavam estava mais brilhante do que nunca. Disseram-me que eu finalmente tinha conseguido passar para o segundo nível. Naquele momento eu realmente não entendi o que estavam falando, pois sou um pouco lento às vezes.

Meus anjos explicaram o que havia acontecido. O eixo do meu Mer-Ka-Ba e o eixo do campo toroidal gerado pelo meu espaço sagrado do coração tinham se alinhado e se tornado uma coisa só. Outra maneira de dizer isso é que os campos toroidais do Mer-Ka-Ba e do coração entraram em sincronia. Somente cerca de sete centímetros e meio separam os eixos de ambos os campos. Entretanto, essa distância bem podia ser de setecentos e cinquenta quilômetros, pois eles impedem que essa experiência ocorra aleatoriamente; eles mantêm o coração e a mente separados até que chegue o momento certo de uni-los.

Os anjos também disseram que essa experiência seria completamente diferente para cada pessoa, mas que ajudaria saber dessa possibilidade e ter paciência. Para algumas, essa sincronicidade acontecerá em pouco tempo, enquanto para outras poderá levar anos. Porém, independentemente de quando e de como ocorrer, ela será perfeita e certamente acontecerá de acordo com a ordem divina.

Por fim, eles me disseram que, quando alguém se sentir preparado, convém tentar usar o poder de imaginação da mente e a capacidade de sonhar do coração para ver e sentir os dois eixos se unindo em um só, mas sem cultivar nenhuma expectativa. Só Deus sabe o momento certo de essa união ocorrer, e não há qualquer coisa que alguém possa fazer para antecipar esse momento. Tudo depende do tempo "certo".

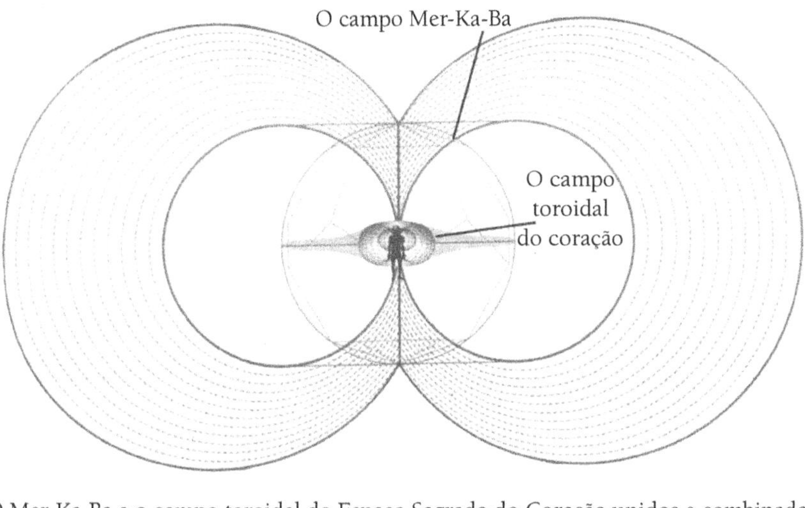

O Mer-Ka-Ba e o campo toroidal do Espaço Sagrado do Coração unidos e combinados

Capítulo Nove

Cocriação Consciente do Coração Ligado à Mente

Thoth Fala

Criando a Partir do Coração

Criando a Partir da Mente

Lógica *versus* Sentimentos e Emoções

Sonhar um Sonho de um Novo Mundo

Quando Criamos o Mundo — Um Poema

A cocriação consciente começa com o conhecimento de como estar dentro do seu Mer-Ka-Ba, fundido com o seu espaço sagrado do coração, com o seu espírito residindo naquele pequenino espaço. A partir desse estado de consciência, pode-se criar e manifestar diretamente o que foi criado no mundo exterior. Saiba, entretanto, que a capacidade de criação nesse estado ainda é limitada, porque o terceiro nível ainda não foi atingido. Ainda assim, é o lugar perfeito para começar a aprender.

O que eu gostaria de levar à sua atenção é a possibilidade de cocriação consciente dentro do pequeno espaço existente no espaço sagrado do coração. A partir desse lugar antigo, você pode recriar o mundo, transformando-o num mundo de amor e equilíbrio e sanando todos os problemas.

Essa possibilidade existe mesmo que você não esteja ciente do Mer-Ka-Ba, mas esse campo combinado com o espaço sagrado do coração apresenta outro plano de possibilidades. Entenda, porém, que todas as possibilidades do potencial humano e a cocriação consciente não se apresentarão até que se tenha completo domínio sobre todos os três níveis — mas precisamos começar de algum lugar.

Thoth Fala

Thoth e vários outros mestres ascensionados, incluindo a sua contraparte feminina, Shesat, retornaram recentemente do espaço/tempo/dimensão além do "Grande Muro", ou o vácuo entre as oitavas para onde a humanidade agora se dirige em sua evolução. O primeiro nome de Thoth nos tempos antigos era na realidade um título, Chiquetet, que significa "aquele que busca a sabedoria". Quando Thoth retornou da oitava seguinte de universos, sua personalidade havia mudado completamente. Seu impulso constante para compreender a realidade havia sido substituído por um conhecimento que transcendia sua necessidade de procura, e ele estava muito calmo interiormente.

Ele apareceu para mim, olhou em meus olhos e disse: "*Drunvalo, nós da Terra temos buscado a relação entre a experiência humana e a capacidade de criação desde o início. Nós todos* (referindo-se aos mestres ascensionados) *temos tentado entender como os pensamentos humanos, as ações e os milagres estão ligados entre si. Por um momento pensamos ter entendido, mas agora sabemos que existe muito mais.*"

"Agora está claro — quando alguém cria de dentro da cabeça, usando a mente, está sendo usado um instrumento de polaridade, isto é, a mente, para criar. E mesmo que a intenção seja criar o bem de um modo ou de outro, a mente sempre cria ambos, o bom e o ruim, porque isso faz parte de sua natureza."

"Eu sugiro que você tente criar somente de dentro do espaço sagrado do coração, porque o coração conhece apenas a unidade e criará a intenção como é concebida, sem o seu lado sombrio."

Essa foi uma revelação fenomenal para mim. Fiquei ali, olhando para Thoth, e imediatamente entendi a verdade do que ele dizia. Estava ansioso, tal como fico muitas vezes quando estou diante de alguma coisa importante, e mal pude esperar para experimentar o que ele estava sugerindo.

Criando a Partir do Coração

As pessoas rezam a Deus, para alterar as circunstâncias do mundo exterior desde o começo de nossa consciência de que Deus existe, mas parece que Deus nem sempre ouve as nossas preces. Por quê? Você já se fez essa pergunta? Por que Deus não nos dá o que pedimos? Na Bíblia está escrito, "Peça e receberá". Mas isso parece não acontecer ainda. Talvez o que vem a seguir possa ser uma resposta a essa pergunta.

Vamos falar sobre a criação e sobre a capacidade de criar. Muitas vezes, nós somos ensinados na escola e em casa que estamos à mercê dos elementos e dos efeitos aleatórios das leis da física. E, é claro, se você acredita que isso é verdade, então você estará limitado por essa crença e ela se tornará a sua realidade.

Porém, muito tempo atrás as pessoas não pensavam dessa maneira. Elas acreditavam num lado espiritual da realidade, no qual o espírito humano poderia mudar a realidade externa por meio de uma intenção interna.

No livro *Isaiah Effect**, Gregg Braden relata como arqueólogos encontraram, em 1947, um documento perto dos Pergaminhos do mar Morto chamado o Pergaminho de Isaías. Esse antigo manuscrito descreve como nós, seres humanos, temos a capacidade de influenciar as futuras possibilidades e profecias, e de alterar o mundo exterior a partir de nosso interior.

Hoje, a nossa cultura tecnológica acha que isso é fantasia. Mas, será realmente fantasia? Se não podemos influenciar o presente e o futuro, então tudo o que Jesus nos disse terá sido falso. Jesus não realizou feitos incríveis, tais como mudar a estrutura molecular da água para a do vinho? Ele até trouxe uma pessoa de volta dos mortos e a ressuscitou! A ciência moderna acredita que esses tipos de história sejam apenas o que são, isto é, histórias, porque há quase nada na ciência para dar suporte a tais ideias.

Jesus nos disse, "Eu lhes digo, aquele que acreditou em mim fará as coisas que faço, e coisas ainda maiores do que essas ele fará". Então, o que dizer das novas crianças que estão surgindo em todo o mundo? Elas são capazes de fazer algumas das coisas que Jesus fazia, e a ciência tem isso documentado em revistas prestigiosas e populares tais como o *Nature Journal* e a *Omni Magazine*.

---

* *Efeito Isaías*, publicado pela Editora Cultrix, SP, 2002.

Os cientistas não sabem como essas crianças podem criar fenômenos psíquicos tão surpreendentes, mas registram o que elas estão fazendo. Isso é um fato. Então, como é que o espaço sagrado do coração se encaixa em tudo isso? Antes que eu possa explicar, nós primeiramente precisamos ver o modo como a mente cria um milagre, e compará-lo ao modo como o espaço sagrado do coração faz o mesmo.

Criando a Partir da Mente

Algumas vezes, nada acontece quando você reza a Deus por alguma coisa que julga necessária. *Efeito Isaías* esclarece por que isso ocorre. Os antigos pergaminhos dizem que qualquer milagre começa com a atenção, ou com o foco da mente — você coloca a atenção da sua mente no que você quer que aconteça.

Por exemplo, digamos que você queira se curar de uma terrível doença, e assim foca os seus pensamentos na cura dessa parte específica do seu corpo. É claro que isso não é suficiente para que alguma coisa realmente aconteça, mas é um passo essencial para iniciar o processo de cura.

Depois da atenção, você acrescenta a intenção. Continuando o nosso exemplo, após ter colocado a sua atenção sobre a parte afetada do seu corpo, você tem a intenção de que a doença desapareça.

Mas isso também não é o bastante. Três outras partes têm que participar, ou nada acontece — o corpo mental, o corpo emocional e o corpo físico.

O corpo mental, ou mente, precisa ver a parte doente do corpo sendo curada. Ele tem que reter a imagem da parte antes afetada completamente curada e sadia, totalmente livre de problemas. Também tem que saber com certeza que a cura está acontecendo agora ou que acontecerá dentro de um prazo definido, dependendo do que você seja capaz de aceitar. Você pode aceitar uma cura instantânea ou o seu padrão de crenças necessita de mais tempo? Essa definição é essencial, mas ainda não é o bastante.

Em seguida, o corpo emocional tem que participar. Você tem que sentir a emoção de como será estar completamente saudável, sem ter mais a doença. É necessário que você sinta verdadeiramente essa emoção, e não apenas que a sua mente pense que a está sentindo. Essa parte é complicada para muitos, mas, sem o envolvimento do corpo emocional, absolutamente nada acontecerá.

E ainda não é o suficiente. Você pode estar rezando para ser curado; sua atenção pode estar completamente focada na doença; sua intenção pode ser que a doença seja curada; sua mente pode saber que o seu corpo está curado ou que será curado; e o seu corpo emocional pode sentir a emoção — digamos, a alegria —, como se o seu corpo estivesse completamente saudável. Mas nada ainda acontecerá se a terceira e última parte não estiver participando.

Quantas pessoas rezam por alguma coisa usando tudo o que foi descrito acima, apenas sabendo que acontecerá, chorando por horas para que aconteça, e ainda assim, não obtêm nenhum resultado? Isso ocorre porque a última parte ainda não foi inserida na equação. É a parte que quase todos esquecem ou não reconhecem.

Essa parte final, o aspecto esquecido, é o corpo físico. Em nosso exemplo, você tem que sentir a parte de seu corpo como se ela estivesse completamente normal e curada. Isso não significa sentir um padrão mental ou consciência procurando dentro do corpo; significa, em vez disso, ter verdadeiras sensações corporais no local em que sentir o seu corpo respondendo. Você não sente mais dor; ao contrário, sente vitalidade na área do seu corpo que está focalizando. Você sente a saúde e a beleza do seu corpo. Quando essa etapa final do corpo respondendo começa, o milagre sempre ocorrerá em seguida.

Mas há mais coisas, que não foram discutidas no *Efeito Isaías*. O que Thoth está dizendo é que, quando criamos a partir da mente, criamos ambas as polaridades da nossa intenção. Assim, se rezamos pela paz, por exemplo, obtemos ambas, a paz e a guerra. Isso é exatamente o que vemos neste mundo hoje. Milhões, senão bilhões de pessoas estão rezando e desejando a paz, mas o que temos são algumas áreas do mundo em paz e outras em guerra, tudo misturado. (No momento, em torno de 46 guerras estão em curso.) Portanto, vamos examinar essa situação com mais profundidade.

Lógica *versus* Sentimentos e Emoções

A mente cria usando pensamentos, e estes se sucedem usando a lógica. Portanto, em qualquer coisa que a mente cria é possível seguir logicamente o caminho de como a realidade foi transformada de um estado para outro. Mesmo que se trate de um milagre, ele ainda assim terá uma sequência lógica, se você puder encontrá-la. Porém, como eu disse, a mente sempre gera ambos os lados da polaridade da intenção original.

O coração, por outro lado, é completamente diferente. Ele cria por meio de sonhos e imagens, e estes se manifestam por meio de sentimentos e emoções. Essa maneira de criar não usa a lógica e, portanto, não tem que ser lógica para passar de um estado para outro.

Se você estiver rezando para pedir chuva usando o coração, por exemplo, pode começar a chover imediatamente, mesmo que não houvesse nuvens no céu alguns momentos antes. É como se fosse num sonho, onde você pode estar na Itália numa cena e, segundos depois, no Canadá, numa situação completamente diferente. Como se vai da Itália para o Canadá em dois segundos? É claro, nós aceitamos esses acontecimentos em nossos sonhos, mas achamos que são impossíveis no mundo tridimensional. Mas e se não forem?!

Sonhar um Sonho de um Novo Mundo

Uma das últimas informações que você necessita para cocriar conscientemente reside na percepção experimental de que, dentro do espaço sagrado do coração, sempre haverá uma conexão direta de volta à realidade tridimensional das estrelas e dos planetas, não importando o jeito como essa conexão é para você. Algumas vezes essa conexão não se apresenta imediatamente, mas, se você continuar a entrar em seu coração, acabará por encontrá-la.

Isso é muito importante, visto que é essa conexão de volta às estrelas e aos planetas que permite que os sonhos do coração se manifestem neste mundo tridimensional. Portanto, antes de começar a manifestar a partir de dentro do espaço sagrado do coração, encontre a conexão de volta para esse mundo por meio das estrelas e dos planetas, de modo que você possa saber a verdade.

Assim, eu peço que você entre no seu espaço sagrado do coração e una seu coração ao seu campo Mer-Ka-Ba, e que comece a sonhar o sonho de um mundo novo e saudável.

♥ ♥ ♥

Aplique tudo o que sabe para cocriar conscientemente com Deus um novo corpo, uma nova vida e, por fim, um novo mundo. Esse poder é seu direito nato e sua herança, pois você é filho(a) de Deus, e todas as coisas são possíveis no âmbito de sua íntima relação com o Criador.

Essas instruções são um caminho para a constatação de que seu corpo é luz, de que o mundo no qual você vive também é luz e de que ambos estão diretamente conectados à sua consciência. Viver dentro do seu coração, rodeado pelo campo de energia do seu Mer-Ka-Ba, viver e criar a partir desse lugar sagrado — essa é a próxima etapa para finalmente descobrir a verdade sobre quem você realmente é, e o princípio da realização do sagrado propósito da sua vida. A essa altura, você certamente perceberá que está no processo de ascensão para o céu... E eu gostaria de encerrar este livro com as palavras de um velho amigo de todos nós:

"You may say I'm a dreamer, but I'm not the only one. Perhaps some day you'll join us, and the world will live as one."

— John Lennon

(Você pode dizer que eu sou um sonhador, mas não sou o único a sonhar. Talvez um dia você se una a nós, e o mundo viverá como um só.)

Quando Criamos o Mundo

Era solitário ser o Único, e assim eu fiz dois.
E então surgiu você.
Você era tão lindo com seus olhos de inocência, mas eu o
amei à distância e de tão perto, e o amei de maneiras que você
não poderia compreender.
Você não sabia que eu estava observando através dos
olhos de cada pessoa que encontrou, nem podia ouvir
a minha voz no vento.
Você pensou que a Terra fosse somente pó e rochas,
e não percebeu que era o meu corpo.
Quando você dormia, nós nos encontrávamos no seu coração
e nos amávamos com os nossos espíritos unidos como Um.
Dávamos à luz novos mundos com enorme paixão, mas,
quando você estava acordado, de nada se lembrava.
Pensava que havia sido apenas mais um sonho.
Apenas mais um dia sozinho.
Mas em seu coração eu o espero, meu amor, para sempre.
Porque é eterna a verdade do nosso amor e da nossa Unidade.
O nosso amor é a Matriz de Tudo o Que É.
Lembre-se, Doçura, em seu coração eu sempre o esperarei.
No lugar diminuto.

— Drunvalo

Leituras Complementares

Braden, Gregg. *The Isaiah Effect: Decoding the Lost Science of Prayer and Prophecy*. Nova York: Harmony Books, 2000. [*Efeito Isaías — Decodificando a Ciência Perdida da Prece e da Profecia*, publicado pela Editora Cultrix, SP, 2002.]

Carlile, William H. "Everything Is on Table to Cult Valley Pollution". *The Arizona Republic*, 30 de maio de 1996 (A1, A8).

Dong, Paul, e Thomas E. Rafill. *China's Super Psychics*. Nova York: Marlowe and Company, 1997.

Melchizedek, Drunvalo. *The Ancient Secret of the Flower of Life*. 2 vols. Flagstaff: Light Technology Publishing, 1998.[*O Antigo Segredo da Flor da Vida*, vols. 1 e 2, publicados pela Editora Pensamento, SP, 2009 e 2010, respectivamente.]

Twyman, James. F. *Messages from Thomas: Raising a Psychic Child*. Forres: Findhorn Press, 2003.

Para mais informações sobre a máscara "Mindfold", consulte o site em inglês www.spiritofmaat.com (EUA) ou www.flordavida.com.br (Brasil).

Para mais informações sobre os ensinamentos e cursos de Drunvalo no Brasil, acessar o site www.flordavida.com.br das facilitadoras Eloisa Zarzur Cury e Malu Abdalla Renzo.

Site de Drunvalo nos EUA : www.drunvalo.net